LES GRANDS PROCÈS POLITIQUES

GRACCHUS BABEUF

ET LA

CONJURATION DES ÉGAUX

A LA MÊME LIBRAIRIE :

Strasbourg, d'après les documents authentiques, par Albert Fermi, 1 volume, 1 fr. 50

Boulogne, d'après les documents authentiques, par le même, 1 volume, 1 fr. 50

Conspiration Malet, d'après les documents authentiques, par Paschal Grousset, 1 volume, 1 fr. 50

Le duc d'Enghien, d'après les documents authentiques, par L. Constant, 1 volume, 1 fr. 50

Louis XVI, d'après les documents authentiques, par L. Constant, 1 volume, 1 fr. 50

SOUS PRESSE :

Le maréchal Ney.
Le 15 Mai 1848.

10503. — Imprimerie générale de Ch. Lahure, rue de Fleurus, 9, à Paris.

LES GRANDS PROCÈS POLITIQUES

GRACCHUS BABEUF

ET LA

CONJURATION DES ÉGAUX

PAR

PHILIPPE BUONARROTI

PRÉFACE ET NOTES PAR A. RANC

PRIX : 1 FR. 50

PARIS

ARMAND LE CHEVALIER, ÉDITEUR

61, RUE DE RICHELIEU, 61

1869

PRÉFACE.

I

Un moment avant la déclaration du jury qui était pour eux un arrêt de mort, Babeuf et Darthé reçurent de Buonarroti, sur les bancs de la haute cour de Vendôme, devant la hache aristocratique qui allait les frapper, le serment de venger leur mémoire.

D'autres devoirs, une longue et rigoureuse détention suivie d'une surveillance plus longue, empêchèrent d'abord Buonarroti de s'acquitter de cette obligation. En 1828 seulement, il put tenir sa promesse et publia un ouvrage en deux volumes sous ce titre : *Histoire de la conspiration pour l'égalité, dite de Babeuf, suivie du procès auquel elle a donné lieu.* Les deux premières éditions de cet ouvrage parurent à Londres et à Bruxelles. Une troisième fut publiée à Paris, en 1830, par les frères Baudouin, et fait partie de leur collection de Mémoires sur la Révolution française. En 1842, il en fut publié un abrégé contenant exclusivement la partie économique. En 1850, un éditeur, M. Charavay, qui par ses opinions se rattachait au groupe politique dont Buonarroti fut si longtemps l'âme, reproduisit dans une édition populaire l'histoire de la conspiration et du procès telle que Buonarroti l'avait écrite, en retranchant des notes inutiles et presque toutes les pièces justificatives qui sont fort nombreuses. M. Charavay, en outre, rétablit le premier le nom de plusieurs personnages qui étaient encore vivants au moment où Buonarroti écrivait, et qu'il n'avait désignés que par des anagrammes. Toutes ces éditions sont épuisées, et il serait presque impossible de s'en procurer un exemplaire. Il en est de même du procès en six gros volumes qui fut publié par les soins du gouvernement. Une collection des grands procès politiques ne pouvait pas ne pas contenir celui de Gracchus Babeuf et des Égaux. Je réimprime donc à mon tour le récit de Buonarroti dans toutes ses parties essentielles. J'ai seulement abrégé quelques passages où ce grand citoyen, qui était plus homme d'action qu'écrivain, se répète. J'ai aussi ajouté quelques notes qui m'ont paru indispensables, en ayant soin de les distinguer de celles de Buonarroti lui-même.

II

La conspiration des Égaux est le dernier effort tenté par les Républicains pour enrayer la contre-révolution. Après cette tentative avortée, la réaction triomphe définitivement et la trahison permanente des gouvernements prépare les voies à la fourberie, à l'audace de Bonaparte. Si les directeurs à défaut de patriotisme eussent eu quelque sens politique, Bonaparte, à son retour d'Égypte, eût été dans les vingt-quatre heures traduit devant un conseil de guerre et fusillé. Mais les gouvernements dits modérés n'agissent jamais autrement. Impitoyables envers les amis du peuple, ils n'ont pour les aristocrates que complaisances et caresses. Nous avons vu les mêmes choses en 1848. On flattait, on encourageait les royalistes et on envoyait les Républicains sur les pontons.

Les ennemis de la Révolution ont affecté de voir dans la conspiration de Babeuf un mouvement purement communiste. Ils ont dit que les Babouvistes voulaient la suppression immédiate et radicale de la propriété individuelle. C'est une double erreur. Buonarroti s'est expliqué nettement sur ce point : « Nul, dit-il, ne nous fera l'injure de penser que nous eussions le fol espoir de voir nos principes mis en pratique par un seul coup de baguette et par un acte semblable à celui de la création. Nous ne nous dissimulions pas les obstacles que nous avions à vaincre, mais nous étions convaincus que la réforme projetée était le seul moyen de fonder une république vigoureuse et durable, et nous voyions dans les progrès de l'esprit public, dans l'activité renaissante des éléments révolutionnaires, dans la réunion des démocrates, dans l'extrême mécontentement du peuple et dans le courage des citoyens dévoués, des matériaux suffisants pour commencer et pour consolider successivement la révolution dont nous avions jeté les fondements. »

Babeuf et ses amis fondaient en effet leur principal espoir sur l'union des démocrates, et, c'est le caractère frappant de la conjuration des Égaux que toutes les nuances du parti révolutionnaire s'y trouvèrent confondues. On travaillait au rétablissement de la Constitution de 1793, et dans cette œuvre commune les anciens montagnards tels qu'Antonelle, Amar, Ricord, etc., les amis d'Hébert et de Chaumette, les partisans de Robespierre, donnaient la main aux égalitaires purs. Tous étaient d'accord que la Constitution de 1793 devait être la première étape de la Révolution reprenant son cours pour ne plus s'arrêter. Il n'y avait pas en France à cette époque, dit quelque part Buonarroti, un véritable républicain qui ne fût conspirateur ou prêt à le devenir. Cet admirable accord de tous les patriotes, cette unanimité du peuple parisien dont les rapports des agents du comité insurrecteur donnent à chaque instant la preuve, encourageaient les chefs du mouvement. Ce fut aussi ce qui les perdit, en leur donnant trop de confiance. On se croyait sûr du succès, à la seule condition de ne pas attaquer prématurément, et on conspira pour ainsi dire à ciel ouvert. Au centre, les agissements étaient secrets, mais l'agitation qui se communiquait aux extrémités était trop peu dissimulée pour échapper à l'œil des gouvernants. Peut-être aussi perdit-on trop de temps, parce qu'on ne voulait agir qu'à coup sûr, après avoir tout organisé pour l'attaque, après s'être créé partout, au sein même du gouvernement et dans l'armée, des intelligences.

Le comité insurrecteur comptait sur l'armée, principalement sur la légion de police où il y avait beaucoup de patriotes et sur le camp de Grenelle. C'était là une funeste erreur dans laquelle le traître Grisel, capitaine au troisième bataillon de la trente-huitième demi-brigade, entretint le comité. La nécessité où l'on se croyait de se concilier l'armée fit que ce misérable fut jugé indispensable. On pensait qu'il pouvait beaucoup; on lui laissa pénétrer les ressorts intimes de l'affaire. Au moins Babeuf et ses amis étaient-ils excusables de croire aux soldats. Les enseignements leur manquaient; ils avaient vu les armées de la Révolution; ils n'avaient vu ni le 18 brumaire ni le 2 décembre. Singulière illusion que celle des armées démocratiques! Aux élections de 1849 et de 1851, presque tous les régiments donnèrent la majorité aux candidats républicains-socialistes. On sait à quoi cela nous a servi. Quand l'autorité se dissout elle-même, quand le gouvernement perd la tête et se désorganise, il peut arriver comme en 1848 que les soldats lèvent la crosse en l'air. Mais toutes les fois que le gouvernement ne s'abandonne pas lui-même, l'armée ne lui manque pas; c'est duperie en France que d'espérer le contraire.

La trahison de Grisel seul n'eût pas suffi probablement à perdre la conjuration. La faute capitale du comité insurrecteur me paraît d'avoir accepté ou demandé dans une certaine mesure le concours de certains membres du gouvernement, tels que Barras. Jusqu'où alla l'entente entre les Babouvistes d'une part et de l'autre Barras, Fouché et Bonaparte, on ne le peut déterminer avec exactitude. Buonarroti, soit qu'il n'eût pas tout su, soit volontairement, a gardé sur ce point une grande réserve dans son écrit. Je ne crois pas qu'il s'en soit non plus ouvert dans la suite à aucun de ses amis. Il est certain que le 30 germinal, Barras eut une conférence avec Darthé, et que le 20 floréal, la veille même de l'arrestation des conjurés, il s'entretint longuement avec Germain, l'un des organisateurs du mouvement; c'était probablement Fouché qui avait servi d'intermédiaire. Quant à Bonaparte, il avait eu antérieurement des relations presque intimes avec Buonarroti, et il y a dans l'admirable défense de Germain un passage très-curieux d'où il ressort que ces honnêtes gens n'étaient pas encore suffisamment édifiés sur le compte du futur empereur. Il est très-probable qu'au dernier moment le cœur faillit à Barras, peut-être à cause des révélations de Grisel qui le surprirent. Quoi qu'il en soit, si le comité insurrecteur avait agi plus tôt, et ne s'était pas laissé gagner de vitesse par le Directoire, les choses eussent certainement changé de face.

Ce qu'il y a de vraiment ingénieux et de profondément habile dans le plan du comité insurrecteur, c'est la série de mesures qui devaient suivre le combat. Toutes ces mesures n'avaient qu'un but : armer la révolution, organiser les forces populaires; désarmer la contre-révolution, désorganiser les forces aristocratiques. Agir autrement, c'est se condamner à une défaite certaine. Supposez un pays où la bourgeoisie est fortement constituée. Une révolution qui ne profite pas des premiers jours de la victoire pour désarmer cette bourgeoisie et la mettre hors d'état de nuire est une révolution vaincue d'avance. J'entends par bourgeoisie l'ensemble des privilégiés et des oisifs. Quiconque est oisif, quiconque jouit d'un privilége dont il ne veut pas se dessaisir est bourgeois dans le mauvais sens du mot et contre-révolutionnaire.

III

Babeuf et ses coaccusés comparurent devant la haute cour de Vendôme. Les accusateurs publics, que Buonarroti ne nomme pas, étaient les citoyens Viellart et Bailly. C'est peut-être la première fois qu'apparaît en France un genre nouveau d'éloquence dont on a vu depuis de si beaux modèles, et l'on peut dire qu'à Vendôme fut fondée l'institution du ministère public, tel qu'il a fleuri jusqu'à nos jours. Seulement les accusés avaient plus de libertés qu'ils n'en ont aujourd'hui. C'est ainsi qu'à l'une des premières audiences, Babeuf interrompit ainsi l'interminable exposé de l'accusation :

« Président, je demande qu'on nous fasse grâce du reste de ces horreurs, attendu qu'il est trois heures et demie. »

Sur quoi Amar intervint : « Non, dit-il, il faut qu'on connaisse quel est l'esprit de l'accusateur national Viellart, sa haine contre le peuple, la liberté et l'égalité; les atroces injures qu'il a vomies contre le fondateur de la République seront une accusation contre lui; il faut que sa bassesse et sa lâcheté soient mises au jour et nous lui répondrons ! »

Les accusés avaient quelques défenseurs officieux, c'était le terme consacré, parmi lesquels Réal, un des premiers avocats du temps, qui fut plus tard le Réal de l'Empire, le Réal de la police et du conseil d'État. Il combattit l'accusation pied à pied avec beaucoup d'énergie; mais Babeuf, Buonarroti, Germain, Antonelle et les autres n'eurent garde de se subordonner à lui et de le laisser se placer au premier plan de la défense. Réal parla en avocat; les accusés en hommes politiques. La défense la plus remarquable est celle de Germain. Babeuf et Buonarroti prirent la parole souvent, soit dans leur intérêt, soit dans celui de leurs coaccusés. Darthé se tint dans une attitude méprisante ; il dédaigna presque de se défendre.

Le capitaine Grisel, traître et mouchard, déposa avec une rare impudence ; il avait toute honte bue. On ne sait ce qu'est devenu ce misérable; cependant il y a sur son compte une sorte de légende qui avait cours dans ces dernières années parmi les survivants du groupe babouviste. On racontait que

Grisel avait été sous la Restauration tué en duel par Émile Babeuf, celui des enfants de Gracchus Babeuf, qui édita à Paris, aux environs de 1830, plusieurs publications démocratiques. Je n'ai pu vérifier le fait.

On verra dans le récit de Buonarroti qu'il s'en fallut de peu que tous les accusés fussent acquittés. Babeuf et Darthé seuls, furent condamnés à mort; voulant échapper à l'échafaud, ils se frappèrent à l'audience même; mais les armes dont ils se servirent n'étaient pas assez sûres, et on put les traîner à la guillotine.... On lit dans quelques biographies que Babeuf était déjà mort, lorsque le couperet le frappa; mais Buonarrotti, si cette assertion était exacte, n'aurait pas manqué d'en parler. Ce n'est pas que les accusateurs publics Viellart et Bailly ne fussent capables de cette monstruosité de faire guillotiner un cadavre. Ne connaît-on pas le mot terrible du procureur général Mangin, à Poitiers, lors de l'affaire Berton. Un des condamnés à mort, le médecin Caffé, dans la nuit même qui précédait l'exécution, se coupa l'artère crurale avec une lancette que son jeune fils lui avait apportée cachée dans ses cheveux. Le matin, lorsqu'on entra dans sa cellule, on le trouva baigné dans son sang et sans connaissance. On alla porter la nouvelle au procureur général Mangin qui, dans sa rage, s'écria : « S'il lui reste un souffle de vie, qu'on le porte à l'échafaud. » Laubardemont ne meurt pas.

Neuf accusés avaient été déclarés coupables par le jury. Gracchus Babeuf et Augustin-Alexandre Darthé étaient condamnés à mort; Philippe Buonarroti, Charles-Antoine-Guillaume Germain, Just Moroy, Jean-Baptiste Cazin, Louis-Jacques Blondeau, Bouin et Menessier à la peine de la déportation, ces deux derniers par contumace.

Les condamnés, transférés au fort de Cherbourg, y attendiront longtemps leur départ pour la Guyane. Cela aurait probablement coûté trop cher; car, en l'an VIII, on les transporta à l'île d'Oléron, d'où Buonarroti fut ensuite enlevé pour être soumis à une simple surveillance dans une ville de l'Est. On a attribué cette mesure, les uns à Bonaparte, qui avait été le camarade de chambre et de lit de Buonarroti, les autres à Fouché, qui chercha toujours à avoir des intelligences parmi les révolutionnaires. Buonarroti, sur lequel il nous faut maintenant donner quelques détails, était né à Pise, le 11 novembre 1760. Exilé par le grand-duc Léopold, dans les premières années de la révolution, il se réfugia en Corse, où il publia un journal, l'*Ami de la liberté italienne*. Il vint à Paris vers la fin de 1792, avec Salicetti, qui venait d'être nommé représentant du peuple, et, peu de temps après son arrivée, la Convention, par un décret solennel, lui décerna la qualité de Français. En 1793, il fut envoyé en Corse avec des pouvoirs extraordinaires. La réaction du 9 thermidor lui devait être fatale : en effet, il fut arrêté et détenu à la prison du Plessis jusqu'au 17 vendémiaire an IV. Quel usage il fit de la liberté qui lui fut alors rendue, il s'est chargé lui-même de nous l'apprendre, et on le verra dans ce volume ! « En 1806, disent les biographies, Buonarroti se réfugia à Genève, et il y professait paisiblement les mathématiques et la musique, lorsque la diplomatie européenne, toute-puissante sur les petites républiques suisses, vint, à la suite des événements de 1815, forcer la patrie de Rousseau à devenir inhospitalière envers un descendant de Michel-Ange. Buonarroti, réduit à chercher un nouvel asile, se fixa en Belgique, où il vécut de sa profession de compositeur de musique, et publia, en 1828, son livre de *la Conspiration de Babeuf*. Il rentra en France en 1830, et continua d'y vivre du produit de ses leçons. Il y mourut en 1837, à l'âge de soixante-dix-sept ans, avec toute sa mémoire et toute son intelligence, inébranlablement fidèle aux principes de toute sa vie. »

Ce que les biographies ne disent pas, et ce que savent bien tous les survivants des luttes de la liberté sous la Restauration et la monarchie de Juillet, c'est que depuis le jour où il quitta l'île d'Oléron jusqu'à sa mort, Philippe Buonarroti ne cessa d'exercer une influence considérable sur le parti révolutionnaire, non-seulement en France, mais dans toute l'Europe. La Jeune-Italie et M. Mazzini relèvent de cette action initiatrice, ainsi que les sociétés secrètes qui furent plus tard dirigées à Paris par MM. Blanqui et Barbès. L'espace me manque ici, mais j'espère publier bientôt l'*Histoire de la république en France, depuis le* 18 *brumaire jusqu'au* 24 *février* 1848, et montrer quelle place importante tiennent dans ces fastes de la république vaincue et combattant toujours, Buonarroti et ses amis, ceux enfin qu'on appelle dédaigneusement les Babouvistes.

De Genève, où il s'était établi, Buonarroti, qui était un des chefs principaux de la Charbonnerie, servait de lien entre les ventes françaises et les ventes italiennes. On en trouve une preuve bien significative dans les mémoires du célèbre prisonnier d'État, Alexandre Andryane, le compagnon de ce pleurard de Silvio Pellico et de Maroncelli. En France, les deux hommes qui, à cette époque, s'associaient le plus intimement aux idées et à l'action de Buonarroti, étaient MM. Voyer d'Argenson et Charles Teste. M. Voyer d'Argenson, qui, en 1803, présidait le collége électoral de la Vienne, refusa d'aller complimenter Napoléon, qui, nommé député, ne prêta serment à la Restauration que « sous la réserve de l'imprescriptible souveraineté du peuple, » qui après 1830, réélu à la Chambre des députés, jura fidélité à Louis-Philippe, « sauf les progrès et la raison publique, »

M. Voyer d'Argenson est mort en 1842. C'est chez lui que Buonarroti vécut paisiblement ses derniers jours. Charles Teste était le frère du trop fameux ministre des travaux publics condamné pour concussion par la cour des Pairs. Son nom est presque inconnu de la génération nouvelle. Pourtant, nul ne prit une part plus active à la révolution de 1830, et il ne tint pas à lui que Lafayette ne se laissât pas jouer par Louis-Philippe. Charles Teste, défenseur comme Buonarroti et Voyer d'Argenson, des accusés d'avril, révolutionnaire et socialiste jusqu'à son dernier souffle, est mort à la fin de 1848. La douleur que cet honnête homme ressentit de la condamnation de son frère, le désespoir que lui causèrent les massacres de juin et les transportations sans jugement, avancèrent sa vie. Après lui, le groupe des représentants à l'Assemblée législative, dont faisaient partie, entre autres, MM. Charassin et Benoît du Rhône, paraît avoir relevé plus ou moins directement du mouvement babouviste. Le reste est de l'histoire contemporaine et je m'arrête.

En 1828, Buonarroti écrivait :

« Fortement lié à Babeuf et à Darthé par la conformité de nos sentiments, je partageai leur conviction et leurs efforts, et si nous nous trompions, notre erreur était au moins complète : ils y persévérèrent jusqu'au tombeau, et moi, après y avoir depuis et longtemps réfléchi, je suis demeuré convaincu que cette égalité qu'ils chérissaient, est la seule institution propre à concilier tous les vrais besoins, à bien diriger les passions utiles, à enchaîner les passions dangereuses, et à donner à la société une forme libre, heureuse, paisible et durable. »

On pourra traiter Buonarroti de rêveur, et répudier comme trop primitifs, les moyens imaginés par Babeuf pour réformer la société ; qu'importe ? C'est grâce aux Babouvistes que, pendant le premier Empire et la Restauration, la tradition révolutionnaire n'a pas été un seul instant interrompue, et que dès les premiers jours de 1830, le parti républicain s'est trouvé reconstitué. Ils ont affirmé, au prix de leur sang, la nécessité prochaine d'une civilisation exclusivement fondée sur le travail et la justice. En même temps, révolutionnaires intraitables, ils n'ont jamais admis que la question sociale et la question politique pussent être un seul instant séparées. Enfin, sans relâche, sans jamais se laisser abattre, avec une invincible fermeté, ils ont marché vers leur but, qui était la République, c'est-à-dire l'Égalité.

A. Ranc.

LES GRANDS
PROCÈS POLITIQUES.

GRACCHUS BABEUF

ET LA

CONJURATION DES ÉGAUX.

I

CARACTÈRE DE LA RÉVOLUTION ET DIVISION DES PARTIS.

Parmi les partis qui firent prendre à la révolution française tant de couleurs diverses, il en est un qui doit fixer les regards du sage, par le dévouement constant avec lequel il consacra ses efforts à la délivrance réelle de l'humanité.

Tandis que l'ambition, la jalousie, l'avidité et l'amour irréfléchi des innovations entretenaient une lutte déplorable entre des hommes dont les uns combattaient pour rétablir l'ancienne monarchie, d'autres pour placer sur le trône de France une dynastie nouvelle, d'autres enfin pour transporter le pouvoir d'une caste à une autre caste, les uns et les autres pour s'attribuer exclusivement l'autorité et les jouissances dont elle est la source, il se forma lentement une classe de citoyens qui, mus par des principes bien différents, désiraient aussi un grand changement politique, mais un changement opposé aux vues et aux passions de tant d'instigateurs intéressés de troubles civils.

On vit en effet plusieurs sectes politiques chercher à donner à la France de nouvelles formes d'administration; mais peu d'hommes aspirèrent, en faveur de la masse du peuple, à la réforme entière de la société.

C'est ainsi que la foule de ceux qui figurèrent sur la scène de la révolution, bornèrent leurs efforts à faire prévaloir un ordre de gouvernement sur un autre, sans trop s'occuper du sort de ceux en faveur de qui tout gouvernement légitime doit exister : c'est ainsi que tant de prétendus législateurs ont cru avoir fondé une république, par cela seul qu'ils avaient condamné un roi, et substitué l'autorité de plusieurs à celle d'un seul.

L'intérêt et les principes furent les causes de nos divisions pendant la révolution. Tandis que les uns défendaient un système parce qu'ils le croyaient bon, d'autres, en bien plus grand nombre, se jetaient dans le parti qui leur paraissait plus favorable à leurs vues de fortune ou d'ambition : les premiers suivirent constamment la voie qu'ils s'étaient tracée, les seconds changèrent de conduite au gré des circonstances et des passions.

Ce ne fut que successivement que l'on put attribuer à chaque secte politique son caractère particulier; car plusieurs d'entre elles durent paraître agir dans le même sens, tant qu'elles eurent des ennemis communs à combattre. A chaque pas vers un nouveau degré d'amélioration, il se forma une nouvelle classe d'opposants intéressés au maintien des vices contre lesquels il était dirigé.

Si quelques nobles de l'Assemblée constituante parurent populaires à l'aurore de la révolution, ils ne tardèrent pas à suivre une route opposée, dès que les premiers vœux pour la véritable égalité se firent entendre : si d'autres s'élevèrent contre la famille régnante dans le dessein de lui en substituer une autre, on les vit se ranger sous les drapeaux de la royauté, lorsque l'espoir fut enlevé à toutes les dynasties : si des prêtres applaudirent aux efforts des réformateurs contre les usurpations du haut clergé, ils devinrent les plus acharnés propagateurs du fanatisme, aussitôt que la nation se refusa à l'entretien de toute espèce de culte : si ceux qui avaient voulu exploiter à leur profit la royauté constitutionnelle se montrèrent, dans les mêmes vues, républicains, ils furent en opposition ouverte avec les plus ardents défenseurs de la république, dès que le peuple prétendit qu'elle fût la chose de tout le monde.

A travers les orages que devait nécessairement produire le mélange de tant d'éléments discordants, les hommes qui, depuis le commencement de la révolution, avaient conçu l'espoir d'asseoir en France l'empire de la vraie justice, saisissaient avec empressement les occasions fréquentes que présentait une si grande fermentation, pour habituer leurs concitoyens à réfléchir sur leurs droits, et pour les amener graduellement à désirer la chute de toutes les institutions vicieuses qui leur en interdisent la jouissance.

Tant que la monarchie exista en France, le parti républicain parut très-nombreux, et quoiqu'on eût depuis longtemps aperçu les différences essentielles qui nuançaient ceux qui se rangeaient alors sous les bannières de la république, le 10 août 1792 vit combattre contre la cour une foule d'hommes qui se divisèrent ensuite, et parmi lesquels il en est qui ont défendu depuis la cause des rois.

On comptait au nombre des combattants contre le gouvernement royal et de ceux qui applaudirent à leur triomphe, les hommes qu'animaient la jalousie et le ressentiment, et ceux que la probabilité d'une régence ou d'un changement de dynastie flattait par l'espoir d'une prochaine influence; cependant, tout porte à croire que la plupart voulaient alors un gouvernement républicain, quoiqu'il y eût eu entre eux de grandes divergences et sur l'idée qu'ils s'en formaient, et sur les passions qui le leur faisaient désirer.

Tous les systèmes de politique et d'économie publique servirent de motifs ou de prétextes aux dissensions de la Convention nationale. Les uns prônaient l'influence exclusive de la classe favorisée par la fortune et par l'éducation; les autres regardaient la participation de tous à la souveraineté comme une condition essentielle du bonheur et de la tranquillité durables de la société; ceux-là soupiraient après les richesses, les superfluités et l'éclat d'Athènes; ceux-ci voulaient la frugalité, la simplicité et la modestie des beaux jours de Sparte.

Cependant, ce n'est pas bien rendre la nature de ces dissensions, que de les comparer aux systèmes politiques des anciens : il faut la chercher dans nos mœurs et dans nos connaissances en droit naturel.

Ce qui se passa en France immédiatement après la création de la république, est à mes yeux l'explosion de la discorde toujours subsistante entre les partisans de l'opulence et des distinctions, d'un côté, et les amis de l'égalité ou de la nombreuse classe des travailleurs, de l'autre.

En remontant plus haut, on trouvera la source des discussions qui eurent lieu à cette époque dans la doctrine anglaise des économistes[1], d'une part, et de l'autre, dans celle de J. J. Rousseau, Mably et quelques autres sages modernes.

Rappelons-nous que de nombreux écrivains ont fait consister la prospérité des nations dans la multiplicité de leurs besoins, dans la diversité toujours croissante de leurs jouissances matérielles, dans une immense industrie, dans un commerce illimité, dans la rapide circulation des métaux monnayés, et, en dernière analyse, dans l'*inquiète et insatiable cupidité des citoyens.* Tantôt on a préféré l'entassement des propriétés territoriales en peu de mains, tantôt on s'est prononcé pour la multiplication des petits propriétaires; et tandis que les uns ont cru la misère et l'abrutissement de la partie productive nécessaires à l'opulence et à la tranquillité du tout, d'autres, en offrant la liberté illimitée de l'industrie et des transactions comme un moyen de remédier à l'inégalité établie, ont frayé le chemin à une nouvelle corruption et à de nouvelles inégalités.

1. Je comprends sous cette dénomination les écrivains et les administrateurs qui ont voulu soumettre à des règlements l'industrie et le commerce, ainsi que ceux qui ont opiné pour leur laisser la liberté la plus étendue. (Buonarroti.)

Dès qu'on eut placé le bonheur et la force de la société dans les richesses, on fut nécessairement conduit à refuser l'exercice des droits politiques à tous ceux qui n'offrent pas, par leur fortune, une garantie de leur attachement à un pareil ordre, réputé le bien par excellence.

Dans tout système social de ce genre, la grande majorité des citoyens, constamment assujettie à des travaux pénibles, est condamnée de fait à languir dans la misère, dans l'ignorance et dans l'esclavage.

Rousseau proclama les droits inséparables de la nature humaine; il plaida pour tous les hommes sans distinction; il plaça la prospérité de la société dans le bonheur de chacun de ses membres, et sa force dans l'attachement de tous aux lois. La richesse publique est pour lui dans le travail et dans la modération des citoyens, et la liberté réside dans la puissance du souverain, qui est le peuple entier, et dont chaque élément conserve l'influence nécessaire à la vie du corps social par l'effet de l'impartiale répartition des jouissances et des lumières.

Cet ordre social qui soumet à la volonté du peuple les actions et les propriétés particulières, encourage les arts utiles à tous, proscrit ceux qui ne flattent que le petit nombre, développe sans prédilection la raison de chacun, substitue à la cupidité l'amour de la patrie et de la gloire, fait de tous les citoyens une seule et paisible famille, assujettit chacun à la volonté de tous, personne à celle d'un autre, fut de tout temps l'objet des vœux secrets des vrais sages, et eut, dans tous les siècles, d'illustres défenseurs : tels furent, dans l'antiquité, Minos, Platon, Lycurgue et le législateur des chrétiens; et dans les temps les plus rapprochés de nous, Thomas Morus, Montesquieu [1] et Mably [2].

On a nommé *ordre d'égoïsme* ou d'*aristocratie* celui des économistes, et celui de Rousseau *ordre d'égalité*.

Des que l'on put saisir les tendances des différentes sectes politiques qui s'agitèrent sur le théâtre de la révolution, les

1. *Esprit des lois*, liv. IV, chap. VI. — 2. *Principes de Législation.*

esprits égarés par des cœurs corrompus s'attachèrent aux promoteurs de l'*ordre d'égoïsme*, et les cœurs purs, dirigés par des esprits droits, durent nécessairement s'intéresser au triomphe complet de l'*ordre d'égalité*.

Depuis les premiers jours de la révolution, les amis de l'égalité, c'est-à-dire de la justice, s'étaient efforcés d'en préparer le triomphe, en s'opposant de loin aux vues des partis qui en étaient les ennemis. Sous l'Assemblée constituante, ils combattirent l'injuste distinction des citoyens en actifs et non actifs, la contribution du marc d'argent exigée pour condition d'éligibilité à la représentation nationale, le *veto* royal et la loi martiale; ils tonnèrent à la fois contre les royalistes déclarés et contre ceux qui se cachaient sous un vernis de patriotisme; proposèrent l'impôt progressif, s'opposèrent à la réhabilitation du roi, après son retour forcé de Varennes; soutinrent le courage des patriotes près de s'évanouir après le massacre du Champ de Mars, et démêlèrent les complots aristocratiques de ceux qui demandaient malicieusement la république : sous la première législature, ils dénoncèrent le renvoi des militaires patriotes; firent voir le piége caché sous la déclaration de guerre à l'Autriche; firent décerner des couronnes aux soldats suisses de Château-Vieux; démasquèrent la dissimulation de la cour, les crimes des ministres, les trahisons de Narbonne et la marche tortueuse de la Gironde, et conservèrent le feu sacré que les puissants et les riches voulaient étouffer par la calomnie et par la persécution.

Ce fut surtout après le 10 août 1792, que les hommes que je viens de désigner conçurent les plus flatteuses espérances, et redoublèrent d'efforts pour assurer le triomphe de leur cause sublime. Au mérite des conceptions de Jean-Jacques, ils ajoutèrent la hardiesse de l'application à une société de vingt-cinq millions d'hommes. A la même époque, la lutte entre les amis de l'égalité et les partisans de l'ordre d'égoïsme devint plus caractérisée et plus animée. Le projet de gouverner, sous des formes républicaines en apparence, l'état institué comme sous la monarchie, fut publiquement soutenu; ceux qui, dans les crises politiques, craignent de perdre leurs jouissances, s'y rallièrent; et, comme la même crainte les avait attachés au royalisme, ils donnèrent lieu d'accuser les coryphées d'une semblable république de conspirer pour le rétablissement du trône. Tels étaient alors le nombre et le crédit des amis sincères de l'égalité, que les poignards de l'aristocratie n'avaient pas encore moissonnés; telle était l'activité que l'espérance d'un prochain adoucissement entretenait dans la multitude, et telle était la force de ceux qui, aspirant à remplacer les anciens grands, se faisaient les apôtres hypocrites de l'égalité qu'ils abhorraient, que les partisans de l'ordre d'égoïsme furent attaqués, vaincus et forcés au silence : c'est là ce qui produisit les divisions de la Convention nationale, avant le 31 mai 1793, et la guerre civile qui suivit cette mémorable journée.

De la victoire du 10 août résultèrent immédiatement quelques progrès de la cause populaire : peu de jours après la chute du trône, l'exercice des droits politiques fut rendu à tous les citoyens; tous furent déclarés éligibles aux fonctions publiques, et il fut solennellement reconnu que nulle constitution ne peut être imposée au peuple sans son consentement. En même temps, le mariage fut légalement débarrassé de cette désespérante indissolubilité, qui le rend souvent aussi contraire au bonheur des individus et des familles que funeste aux mœurs et à la liberté. C'est un fait digne d'observation que l'accroissement ou la diminution de l'énergie nationale pour la défense de la révolution, selon que les lois semblaient favoriser l'égalité ou s'en éloigner. La classe laborieuse et si injustement méprisée a enfanté tant de prodiges de dévouement et de vertu; presque tout le reste a constamment entravé la régénération publique.

Nul doute que l'ordre d'égoïsme ou d'aristocratie n'eût dans la Convention nationale de nombreux et adroits défenseurs : les preuves en sont dans les astucieuses harangues et dans les écrits des Vergniaud, des Guadet, des Rabaud, des Brissot, des Gorsas, des Condorcet, des Lanjuinais, des Louvet, des Barbaroux, et de tant d'autres de la même couleur; dans leurs transactions avec la cour, dans leurs perpétuelles invectives contre tout ami de l'égalité, dans la haine qu'ils vouèrent aux véritables directeurs de l'insurrection du 10 août; dans leurs liaisons avec Narbonne, Dumouriez, Custine, et autres généraux infidèles; dans leur constante opposition à l'établissement de l'impôt progressif; dans l'intérêt qu'ils prodiguèrent au roi, traduit au tribunal de la nation; dans leurs mesures hostiles contre les partisans de la démocratie; dans l'effroi qu'ils s'efforcèrent d'inspirer aux riches et aux hommes corrompus; dans les brandons de la discorde secoués par eux sur la France entière, et dans leur opiniâtre persévérance à faire consacrer par les lois leurs principes antipopulaires.

Il s'agissait de donner une constitution à la République naissante; le besoin d'une autorité régulière se faisait généralement sentir, et on pensait assez communément qu'une bonne distribution des pouvoirs suffirait seule pour assurer au peuple les bienfaits de l'égalité et de la liberté, après lesquels il soupirait.

Cependant les plus clairvoyants parmi les amis de l'égalité ne partageaient pas cette manière de penser. Quoi qu'on en ait dit, les aristocrates de la Convention étaient plus pressés de travailler à cette constitution que les amis de l'égalité, qui, étant bien moins nombreux, sentaient que, sans un événement propre à effrayer leurs adversaires, non-seulement on ne pouvait obtenir une réforme dans les éléments civils de la société, mais il était même impossible d'établir une organisation fondée sur l'égalité des droits politiques. Cet empressement des aristocrates était donc une branche de la vaste conspiration contre les droits naturels des hommes, et il fallait en éloigner les principaux instigateurs[1], avant que l'on pût compter sur la réussite des efforts d'une poignée de gens de bien.

1. Cette faction fut appelée *girondine* parce qu'elle reconnaissait pour chefs presque tous les députés du département de la Gironde à l'Assemblée législative et à la Convention.

Lorsque la première déclaration des droits fut proclamée par l'Assemblée constituante, l'application franche et entière des principes d'équité

On conspira contre les nombreux conspirateurs qui s'étaient introduits dans les principales autorités de la République : on conspira pour la défense des droits imprescriptibles de l'humanité, contre l'orgueil et l'avarice qui la désolent; et, tandis que les aristocrates que la Convention renfermait dans son sein donnaient le signal de la proscription générale des amis de l'égalité, appelés par eux *anarchistes*, le peuple de Paris porta l'effroi dans l'âme des députés infidèles, et les força[1] à livrer à la justice nationale les chefs de leur complot. La liberté de la Convention fut violée pour sauver celle du peuple; le pouvoir des mandataires fut comprimé pour faire respecter la souveraineté nationale dont la majorité d'entre eux se jouait impudemment.

A défaut des écrits, des discours et des faits qui prouvent la réalité de cette trame, on la reconnaîtrait facilement dans la coalition de presque tous les riches contre la révolution du 31 mai 1793, et dans la rapidité avec laquelle se propagèrent depuis les vérités démocratiques.

Il ne faut pas croire que les révolutionnaires français aient attaché à la démocratie qu'ils demandaient le sens qu'y attachaient les anciens. Personne ne s'avisa en France d'appeler le peuple entier à délibérer sur les actes de gouvernement. Pour eux la démocratie est *l'ordre public dans lequel l'égalité et les bonnes mœurs mettent le peuple à même d'exercer utilement la puissance législative.*

Les événements postérieurs ont, je crois, suffisamment

naturelle dont quelques-uns y étaient consacrés, répugnait déjà aux hommes égarés par une fausse science ou corrompus par les vices de la civilisation; ils méditaient dès lors comment ils éluderaient ces principes, tout en paraissant y applaudir.

Ce fut là l'origine des factions qui, sous les trois premières assemblées nationales, s'efforcèrent d'arrêter l'élan du peuple français vers son affranchissement total, et de fixer la révolution aux systèmes politiques qu'ils jugeaient les plus favorables à leurs passions ou les plus conformes à leurs doctrines. Elles nuisirent à l'établissement de la liberté, beaucoup plus que l'opposition ouverte des castes privilégiées, parce qu'elles trompèrent le peuple en empruntant le langage du patriotisme. (Buonarroti.)

1. Le 31 mai 1793 et jours suivants.

prouvé que les démocrates ne furent jamais nombreux dans la Convention nationale; il s'en fallut beaucoup que l'insurrection du 31 mai eût transmis la suprême influence aux seuls amis sincères de l'égalité : ses faux et intéressés défenseurs parurent triompher avec elle; mais, destructeurs actifs à leur profit, ils se jetèrent dans le système qu'ils avaient combattu, quand il fallut réédifier pour le peuple.

Parmi les hommes qui brillèrent dans l'arène révolutionnaire, il en est qui, dès le commencement, se prononcèrent pour l'affranchissement réel du peuple français. Marat, Maximilien Robespierre et Saint-Just figurent glorieusement avec quelques autres dans la liste honorable des défenseurs de l'égalité. Marat et Robespierre attaquèrent de front le système antipopulaire qui prévalut dans l'Assemblée constituante; dirigèrent, avant et après le 10 août, les démarches des patriotes : arrivés à la Convention, ils y furent en butte à la haine et aux calomnies du parti de l'égoïsme qu'ils confondirent; s'élevèrent dans le jugement du roi à la plus haute philosophie, et eurent une grande part aux événements du 31 mai et jours suivants, dont les faux amis de l'égalité détruisirent enfin l'heureuse influence.

Avant la chute de la faction girondine, Robespierre croyait que la Convention, dominée par elle, était dans l'impossibilité d'enfanter de bonnes lois; il pensait d'ailleurs que, dans les circonstances critiques de ce temps-là, le premier soin des mandataires du peuple devait être d'anéantir les nombreux ennemis qui, au dedans et au dehors, menaçaient l'existence de la République : mais, voyant que les Girondins étaient pressés de consacrer par la législation leurs principes aristocratiques, il opposa à leurs projets sa *Déclaration des droits*, dans laquelle ses intentions populaires paraissent à découvert. En rapprochant les doctrines politiques renfermées dans cet écrit et dans les discours que Robespierre prononça dans les derniers temps de sa vie, de la pureté de ses mœurs, de son dévouement, de son courage, de sa modestie et de son rare désintéressement, on est forcé de rendre un éclatant hommage à une si haute sagesse, et on ne peut que détester la perversité ou déplorer l'incompréhensible aveuglement de ceux qui ourdirent et consommèrent son assassinat.

Cependant la constitution de 1793, rédigée à la suite de l'insurrection du 31 mai par la partie de la Convention qu'on appelait alors la *Montagne*, ne répondit pas complétement aux vœux des amis de l'humanité. On regrette d'y trouver les vieilles et désespérantes idées sur le droit de propriété. Au surplus, les droits politiques des citoyens y sont clairement énoncés et fortement garantis, l'instruction de tous y est placée parmi les devoirs de la société; les changements favorables au peuple y sont faciles, et l'exercice de la souveraineté lui est assuré comme il ne le fut jamais.

Est-ce à une prudente circonspection, commandée par l'attitude hostile des riches ameutés par les girondins, est-ce à l'influence des égoïstes dans les délibérations de la Convention nationale, qu'on doit attribuer les ménagements dont elle fit usage, et le voile sous lequel les députés, amis de l'égalité, furent obligés de cacher leurs vues ultérieures?

Quoi qu'il en soit, il n'est pas moins vrai que le droit de *délibérer sur les lois, attribué au peuple, la soumission des mandataires du peuple à ses ordres*, et la *presque unanimité des voix à laquelle la constitution de* 1793 fut acceptée, la firent regarder, à juste titre, comme le *palladium* de la liberté française.

Mais quelques-uns de ceux qui avaient participé à la rédaction de cette constitution, appelée depuis *démocratique* par les patriotes, sentaient qu'elle seule ne pouvait assurer aux Français le bonheur qu'ils demandaient : ils pensaient que la réforme des mœurs doit précéder la jouissance de la liberté : ils savaient qu'avant de conférer au peuple l'exercice de la souveraineté, il fallait rendre général l'amour de la vertu; substituer le désintéressement et la modestie à l'avarice, à la vanité et à l'ambition qui entretiennent entre les citoyens une guerre perpétuelle; anéantir la contradiction établie par nos institutions entre les besoins et l'amour de l'indépendance, et arracher aux ennemis naturels de l'égalité les moyens de tromper, d'effrayer et de diviser : ils savaient que les mesures coactives et extraordinaires, indispensables pour opérer un si heureux et si grand changement, sont inconciliables avec les formes d'une organisation régulière : ils savaient enfin, et l'expérience n'a que trop justifié depuis leur manière de voir, qu'établir, sans ces préliminaires, l'ordre constitutionnel des élections, c'est abandonner le pouvoir aux amis de tous les abus, et perdre à jamais l'occasion d'assurer la félicité publique.

Aussi, à la demande de 8000 envoyés du peuple, firent-ils remplacer jusqu'à la paix la constitution de 1793, par une forme d'autorité qui conservait à ceux qui avaient commencé ce grand ouvrage, le pouvoir de l'achever, et substituait à la fois aux chances d'une guerre ouverte contre les ennemis intérieurs de la liberté des moyens prompts et légaux de les réduire à l'impuissance. Cette forme fut appelée *gouvernement révolutionnaire*, et eut pour directeurs les membres de ce comité de Salut public auquel l'humanité faillit devoir une rédemption complète.

Il est impossible aux âmes honnêtes de ne pas reconnaître la profonde sagesse avec laquelle la nation française fut alors dirigée vers un état où, rendue à l'égalité, elle eût pu jouir paisiblement d'une constitution libre. On ne saurait assez admirer la prudence avec laquelle d'illustres législateurs, mettant habilement à profit les revers et les victoires, surent inspirer à la grande majorité de la nation l'abnégation la plus sublime, le mépris des richesses, des plaisirs et de la mort, et l'amener à proclamer que *tous les hommes ont un droit égal aux productions de la terre et de l'industrie.*

Et qui pourra effacer des pages de l'histoire cette étonnante métamorphose par laquelle tant d'hommes, naguère voluptueux, avides, légers et présompteux, renoncèrent de bon cœur à mille jouissances factices, déposèrent à l'envi leur superflu sur l'autel de la patrie, fondirent en foule sur les armées des rois, et se bornèrent à demander pour tout bien, du pain, du fer et l'égalité ?

Ces faits, attestés par une infinité d'adresses, de rapports et de décrets, par les registres publics, par les annales de la

France, par l'effroi non encore éteint des classes aristocratiques et par notre propre souvenir, répondent seuls aux mensonges, aux calomnies et aux sophismes par lesquels on s'est efforcé de noircir cette brillante partie de l'histoire française. A quelles hautes destinées un peuple auquel on avait su inspirer un si généreux dévouement, ne pouvait-il pas atteindre ! Quelles sages institutions la France et l'univers ne devaient-ils pas se promettre des conseils de ceux qui avaient présidé à d'aussi grands prodiges !

Depuis la promulgation de l'acte constitutionnel de 1793 et du décret qui créa le gouvernement révolutionnaire, l'autorité et la législation devinrent tous les jours plus populaires. Un enthousiasme aussi saint que nouveau s'empara du peuple français ; d'innombrables armées se formèrent comme par enchantement; la République ne fut plus qu'un vaste atelier de guerre ; la jeunesse, l'âge mûr et même la vieillesse rivalisèrent de patriotisme et de courage; un ennemi redoutable fut repoussé des frontières qu'il avait envahies ou que la trahison lui avait livrées.

Dans l'intérieur, les factions furent comprimées ; tous les jours voyaient éclore des mesures législatives tendant à relever l'espoir de la classe nombreuse des malheureux, à encourager la vertu et à rétablir l'égalité. Le superflu fut consacré au malheur et à la défense de la patrie. On pourvut, au moyen des réquisitions de denrées et de marchandises, des emprunts forcés, des taxes révolutionnaires et de l'immense générosité des bons citoyens, à la subsistance de quatorze cent mille guerriers, et du peuple dont les riches se proposaient de dompter par la famine l'audace républicaine.

L'établissement des magasins d'abondance, les lois contre les accaparements, l'émission du principe qui attribue au peuple la propriété des denrées de première nécessité, les lois pour l'extinction de la mendicité, celles pour la distribution des secours nationaux, et la communauté qui régnait alors de fait parmi la généralité des Français, furent quelques-uns des préliminaires d'un ordre nouveau, dont le plan est dessiné en caractères ineffaçables dans les fameux rapports du Comité de salut public, et principalement dans ceux que Robespierre et Saint-Just prononcèrent à la tribune nationale.

Pour bien apprécier le gouvernement révolutionnaire de la République française, il faut se dépouiller des préjugés enfantés par les systèmes politiques qui ont précédé la révolution, et qui donnèrent en tout temps à la terre des malheurs et des crimes. La sagesse avec laquelle il prépara un nouvel ordre dans la distribution des biens et des devoirs, ne saurait échapper aux regards des esprits droits. Ils ne se borneront pas à voir l'expression de la reconnaissance nationale dans la distribution des terres promises aux défenseurs de la patrie, et dans le décret qui ordonnait la répartition entre les malheureux, des biens des ennemis de la révolution qui devaient être expulsés du territoire français. Ils verront dans la confiscation des biens des contre-révolutionnaires condamnés, non une mesure fiscale, mais le vaste plan d'un réformateur. Et quand, après avoir considéré le soin avec lequel on propagea les sentiments de fraternité et de bienfaisance, l'habilité avec laquelle on sut changer nos idées de bonheur, et cette prudence qui alluma dans tous les cœurs un vertueux enthousiasme pour la défense de la patrie et de la liberté, ils se rappelleront le respect accordé aux mœurs simples et bonnes, la proscription des conquêtes et des superfluités, les grandes assemblées du peuple, les projets d'éducation commune, les champs de Mars, les fêtes nationales; quand ils songeront à l'établissement de ce culte sublime qui, confondant les lois de la patrie avec les préceptes de la Divinité, doublait les forces du législateur, et lui donnait les moyens d'éteindre en peu de temps toutes les superstitions et de réaliser tous les prodiges de l'égalité[1]; quand ils se souvien-

1. Voilà où se marque bien la détestable influence de Rousseau, promoteur de la réaction religieuse contre la philosophie du dix-huitième siècle. Imbu des principes religiositaires de Rousseau, Buonarroti ne se rend pas compte qu'en instituant la fête de l'Être suprême et en frappant l'athéisme dans la personne des hébertistes, Robespierre a frappé la libre pensée elle-même et donné le signal de la contre-révolution. — A. R.

dront qu'en s'emparant du commerce extérieur, la République avait coupé la racine de l'avidité la plus dévorante, et tari la source la plus féconde des besoins factices; quand ils considéreront que par les réquisitions elle disposait de la plus grande partie des productions de l'agriculture et de l'industrie, et que les subsistances et le commerce formaient déjà deux grandes branches de l'administration publique, ils seront forcés de s'écrier : *Encore un jour, et le bonheur et la liberté de tous étaient assurés par les institutions qu'ils ne cessèrent de demander !*

Mais le destin en avait autrement ordonné, et la cause de l'égalité qui n'avait jamais obtenu d'aussi grands succès, dut succomber encore une fois sous les efforts réunis de toutes les passions antisociales.

Ceux qui avaient eu la noble audace de se charger d'une si glorieuse entreprise, eurent à combattre à la fois les égarements des hommes faibles et les intrigues de la mauvaise foi dont ils furent enfin les victimes.

Des gens crurent, et d'autres feignirent de croire que le gouvernement révolutionnaire, par lequel l'exercice des droits politiques des citoyens était partiellement et momentanément suspendu, menaçait essentiellement la liberté de la nation : ceux-ci blessèrent la patrie plus par les sophismes qui égarèrent une foule de bons citoyens, que par les trames qu'ils ourdirent contre les principaux directeurs de la réforme.

Par malheur, les esprits imbus des théories d'un ordre social libre et paisible, concevaient généralement avec peine la nature d'une autorité extraordinaire et nécessaire, par laquelle une nation peut être mise en pleine possession de la liberté, malgré la corruption qui est la suite de son ancien esclavage, et à travers les piéges et les hostilités des ennemis intérieurs et extérieurs conjurés contre elle.

Les faux amis de l'égalité, qui en avaient propagé les principes dans la vue de se ménager l'occasion d'assouvir leur rapacité, pâlirent à l'approche du jour où tout devait fléchir sous le niveau et plier sous le joug de la morale. Les uns avaient abusé des grands pouvoirs exercés dans les départements ou aux armées; d'autres avaient cru à la transfusion des richesses en faveur des révolutionnaires, dont ils voulaient faire une classe de nouveaux privilégiés; d'autres étaient accusés d'avoir reçu de l'étranger le prix de leurs manœuvres criminelles[1].

Cette faction conspira aussi contre les promoteurs des institutions démocratiques. Elle succomba, et vit périr quelques-uns de ses chefs; mais ceux qui leur survécurent, se ralliant à la voix de la justice nationale qui les menaçait, flattant les ennemis de la révolution de toutes les couleurs, soutenus par les patriotes égarés à qui on faisait craindre la perte de la souveraineté populaire, et mettant adroitement en jeu la jalousie qu'excite le mérite, proclamèrent les hommages volontaires rendus à la vertu, comme les caractères d'une insupportable tyrannie, et parvinrent, à l'aide des calomnies les plus absurdes, à faire assassiner, le 9 thermidor de l'an II, les députés à qui le peuple français devait la plupart des progrès qu'il avait faits dans la conquête de ses droits.

Depuis, tout a été perdu. Pour justifier leur crime, ceux qui avaient coopéré aux événements de cette journée, durent changer en chefs d'accusation les principes, la conduite et

1. Dans une note assez longue sur les partis dans la Révolution, Buonarroti s'exprime ainsi au sujet des hébertistes :

« On ne comptait généralement dans les rangs des hébertistes que des hommes laborieux, droits, francs, courageux, peu studieux, étrangers aux théories politiques, aimant la liberté par sentiment, enthousiastes de l'égalité et impatients d'en jouir. Bons citoyens dans une république populaire assise, mauvais pilotes dans les tempêtes qui en précèdent l'établissement, il ne fut pas difficile de les indisposer contre la prolongation de l'institution révolutionnaire, en la leur peignant comme une coupable atteinte portée à la souveraineté du peuple. On n'eut pas non plus beaucoup de peine à leur persuader que, pour tarir à jamais la source des superstitions et du pouvoir des prêtres, il fallait proscrire toutes les idées religieuses. Cependant de tels hommes, plus disposés à trancher les difficultés par des coups de main, qu'à peser mûrement l'utilité et les conséquences d'une crise politique, avaient en vue le même résultat auquel tendaient les amis sages de l'égalité. »

Cet hommage rendu aux hébertistes par un homme aussi fortement attaché à Robespierre que Buonarroti, a une grande signification. — A. R.

les vertus de leurs victimes. Les prédicateurs intéressés de démocratie et les anciens partisans de l'aristocratie se trouvèrent d'accord. Quelques voix qui rappelèrent les doctrines et les institutions de l'égalité furent regardées comme les cris impurs de l'anarchie, du brigandage et du terrorisme. Ceux qui avaient été salutairement comprimés, s'emparèrent de l'autorité; et, pour se venger de l'humiliation à laquelle ils avaient été réduits, ils enveloppèrent dans une longue et sanglante proscription, avec les amis sincères de l'égalité, ceux qui l'avaient prêchée par l'intérêt, et ceux-là même qui, par trahison, par jalousie ou par aveuglement, avaient tant coopéré à la contre-révolution du 9 thermidor.

Dès que le gouvernement révolutionnaire fut passé entre les mains des égoïstes, il devint un véritable fléau public. Son action prompte et terrible, que la vertu de ses directeurs et leurs intentions toutes populaires pouvaient seules rendre légitime, ne fut plus qu'une affreuse tyrannie par son objet et par sa forme : elle démoralisa tout; elle rappela le luxe, les mœurs efféminées et le brigandage; elle dissipa le domaine public, dénatura les principes de la révolution, et livra aux poignards de ses ennemis tous ceux qui l'avaient défendue avec sincérité et désintéressement.

C'était au maintien de l'inégalité et à l'établissement de l'aristocratie que tendaient évidemment, à cette époque, les efforts du parti dominant. Après avoir enlevé au peuple l'espoir d'une législation équitable, et l'avoir plongé dans l'incertitude et dans le découragement, ils songeaient à lui arracher jusqu'aux faibles restes de sa souveraineté.

Autant les amis de l'égalité avaient désiré, avant le 9 thermidor, que le gouvernement révolutionnaire fût maintenu dans toute sa pureté, autant en souhaitèrent-ils, depuis, la chute, afin qu'il fût remplacé par la constitution de 1793, contre laquelle étaient dirigées les manœuvres de l'aristocratie : désespérant du triomphe de l'égalité, ils désiraient mettre au moins le peuple en possession de ses droits politiques.

Tel fut le motif du mouvement du 12 germinal de l'an III,

et de l'insurrection parisienne du 1er prairial. Le mauvais succès de ces journées redoubla la fureur des ennemis de la liberté, et augmenta de beaucoup le nombre des bons citoyens, entassés dans les prisons ou égorgés sur toute la surface de la République.

II

CONJURATION DES ÉGAUX.

L'emprisonnement général des amis de la liberté et leurs fréquentes translations d'une prison à l'autre, leur procurèrent l'avantage de se mieux connaître et de se lier plus étroitement. Les prisons de Paris, et particulièrement celles du Plessis et des Quatre-Nations, furent alors les foyers d'une grande fermentation révolutionnaire.

Là, se rencontrèrent les principaux acteurs de la conspiration dont je me suis proposé de décrire les événements : Debon, Laurjen de Doimel, Bertrand, ex-maire de Lyon, Fontenelle, Fillon, Hannac, Simon Duplay, Bodson, Claude Fiquet, Massart, Bouin, Moroy, Chintrard, Goulard, la Tilme, Revol, Golscain, Rivagre, Julien des Armes, Delauce, Tenaille, Babeuf, Germain, Buonarroti, les membres de la commission populaire d'Orange, ceux des tribunaux révolutionnaires d'Arras, Cambrai, Angers, Rennes et Brest; ceux des comités révolutionnaires de Paris, Nantes, Nevers et Moulins, et beaucoup d'autres démocrates de tous les départements, étaient détenus à la prison du Plessis, au mois de floréal de l'an III.

De ces maisons de douleur jaillirent les étincelles électriques qui firent pâlir tant de fois la nouvelle tyrannie : je sais, à n'en pas douter, que l'insurrection du 1er prairial an III fut en grande partie l'ouvrage de plusieurs citoyens détenus au Plessis, parmi lesquels on nommait plus particulièrement Leblanc[1], depuis commissaire du Directoire à Saint-Domingue, et Claude Fiquet.

Ce fait incontestable, rapproché de l'acte imprimé qui fut le signal de l'insurrection, des demandes des insurgés et du caractère politique des députés qui les appuyèrent, suffit pour effacer la tache de royalisme que des écrivains même patriotes se sont efforcés d'imprimer aux principaux instigateurs de cette malheureuse journée, dans la vue d'épargner le sang des amis de l'égalité qui furent voués à la plus sanglante proscription. Elle fut si générale et si furieuse, cette proscription, que parmi les citoyens qui furent précipités par milliers dans les prisons de Paris, il y en avait beaucoup d'indifférents et même d'opposés au triomphe du parti auquel on les accusait d'appartenir.

Un spectacle aussi touchant que nouveau embellit alors l'intérieur de ces prisons. Ceux que l'aristocratie y avait plongés, vivaient frugalement dans la plus intime fraternité; s'honoraient de leurs fers et de leur pauvreté, suite de leur dévouement patriotique; se livraient au travail et à l'étude, et ne s'entretenaient que des maux de la patrie et des moyens de les faire cesser. Les chants civiques dont ils faisaient tous à la fois retentir les airs, rassemblaient tous les soirs autour de ces tristes séjours une foule de citoyens qu'y attirait la curiosité, ou l'analogie de leurs sentiments avec ceux des prisonniers.

1. Ce Leblanc, dont on retrouve çà et là le nom dans les pièces de la procédure suivie contre Babeuf, fut l'une des victimes de la transportation de nivôse. On sait que quatre transportés seulement survécurent au climat meurtrier de l'île d'Anjouan. Leblanc fut l'un des quatre. C'est sur ses notes que fut rédigé un livre bien curieux et malheureusement très-rare qui parut en 1819 : *Histoire de la double conspiration de 1800 contre le gouvernement consulaire et de la déportation qui eut lieu dans la deuxième année du Consulat.* — A. R.

L'immolation de la loi populaire fut enfin consommée par la commission à laquelle on avait feint de confier le soin de la mettre à exécution. Le projet d'une constitution nouvelle, que cette commission proposa à la Convention nationale, le 5 messidor de l'an III, fut pour les patriotes détenus un grand sujet de méditation : ils en examinèrent toutes les dispositions avec plus de maturité que dans aucune assemblée primaire. Voici l'opinion qu'ils s'en formèrent.

Si la constitution proposée, disaient-ils, pouvait laisser des doutes sur l'esprit de ses auteurs, ils seraient pleinement dissipés par le rapport qui la précède. Cet esprit est tout dans ces mots : *conserver l'opulence et la misère*. On regarda donc cet ouvrage comme le résultat final des attentats de la faction égoïste.

Si on en excepte l'article qui exigeait une propriété territoriale pour condition d'éligibilité à la représentation nationale, et celui qui rendait inéligible à une fonction supérieure, quiconque n'en aurait précédemment rempli une inférieure, le projet de la commission fut adopté, et tint lieu à la nation française de loi fondamentale jusqu'au 18 brumaire de l'an VIII.

Le plus léger examen suffit pour se convaincre que le principe de la conservation de l'opulence et de la misère fut la base de toutes les parties de cet édifice.

D'abord, pour imposer silence à toutes les prétentions, et pour fermer à jamais toutes les voies aux innovations favorables au peuple, on lui ravit ou l'on tronque ses droits politiques : les lois se font sans sa participation et sans qu'il puisse exercer sur elles aucune espèce de censure : la constitution l'enchaîne à jamais lui et sa postérité ; car il lui est interdit de la changer : elle déclare bien le peuple souverain ; mais toute délibération du peuple y est déclarée séditieuse : après avoir parlé confusément de l'égalité des droits, on y ravit les droits de cité à une foule de citoyens, et on réserve exclusivement aux gens aisés celui de nommer aux principales fonctions de l'État ; enfin, pour maintenir à jamais cette malheureuse inégalité, source d'immoralité, d'injustice et d'oppression, les auteurs de cette constitution écartèrent, avec le plus grand soin, toute institution tendant à éclairer suffisamment la nation entière, à former une jeunesse républicaine, à diminuer les ravages de l'avarice et de l'ambition, à rectifier l'opinion, à améliorer les mœurs et à soustraire la masse du peuple à la farouche domination des riches oisifs et ambitieux.

Ces scandaleuses violations des droits communs et ce mépris des principaux devoirs d'un législateur populaire furent dénoncés au peuple français par Antonelle, dans un écrit qui a pour titre : *Considérations sur les droits de cité*, et par Félix Lepelletier[1] dans son *Vote motivé sur la constitution de l'an* III.

La Convention annonça que la nouvelle constitution avait été acceptée par le peuple. Une confusion extrême régna dans le recensement des votes, et il résulta de cette opération et des faits publics, que les votants avaient été en très-petit nombre, qu'une foule de citoyens avaient été expulsés des assemblées, et que les plus fougueux acceptants avaient été ceux qui, s'étant fait remarquer par leur égoïsme, avaient été souvent accusés de conspirer pour le retour de la royauté.

N'oublions pas la distinction très-réelle des égoïstes, en conservateurs et en conquérants ; rappelons-nous que ceux-ci avaient suivi presque constamment jusqu'au 9 thermidor de l'an II, les brisées des amis sincères de l'égalité, et s'étaient attiré, par là, la haine des contre-révolutionnaires. Les membres de la Convention qui se qualifiaient alors de patriotes, appartenaient presque tous à cette dernière classe.

La haine de la révolution fut portée si loin, que la proscription, qui ne pesa d'abord que sur ses amis désintéressés,

1. Félix Lepelletier, qui, comme on le verra plus loin, fut compris dans les poursuites devant la haute cour de Vendôme et acquitté par le jury et que Bonaparte, après nivôse fit détenir deux ans à l'île d'Oléron, était le frère de Lepelletier-Saint-Fargeau. Il recueillit chez lui les enfants de Babeuf. Il avait une grande fortune, et, pendant toute la durée de l'Empire, les républicains persécutés trouvèrent chez lui aide et appui. — A. R.

ut enfin s'appesantir sur ceux-là mêmes qui en avaient été es provocateurs, et qui ne purent faire oublier par leurs rimes récents leur ancienne apparence de vertu. Les honêtes gens, les hommes bien nés, les bons bourgeois dédaignaient de s'asseoir à côté d'anciens terroristes chargés des épouilles de l'aristocratie.

On voua indistinctement à la rage des ennemis de la révolution tous les conventionnels qu'on accusait d'avoir exercé ou laissé exercer la terreur, et si l'on fit quelques exceptions, ce ne fut qu'en faveur de ceux qui s'étaient signalés ar leur persévérance à défendre les *privilèges des gens omme il faut, contre les prétentions séditieuses des malheuux qu'ils qualifiaient de canaille.*

Afin de perpétuer l'esprit de la nouvelle constitution, ses uteurs imaginèrent de ne faire renouveler annuellement le orps législatif que par tiers, et d'introduire dans la prenière composition de ce corps, deux tiers des membres de a Convention[1], au choix des corps électoraux.

Cette mesure dictée par l'inquiète prévoyance de quelques égislateurs criminels, cette mesure imaginée pour enchaîner jamais le peuple, flattait singulièrement les passions des onventionnels.

Ceux qui se plaisaient dans l'exercice du pouvoir, ceux ui craignaient d'être poursuivis pour les prévarications ont ils s'étaient souillés, ceux qui redoutaient l'égalité, et eux qu'effrayait l'idée seule des principes démocratiques, 'empressèrent de l'adopter.

Dans la Convention, les faux amis de l'égalité, aussi odieux ux vrais républicains qu'aux royalistes, se montrèrent les lus passionnés partisans de ce mode de renouvellement.

Par une ruse dont ils firent souvent usage, ils accusaient le conspirer pour le rétablissement de la monarchie, ceux ui leur opposaient de la résistance, et qui, dans cette cir-

1. Tous les députés encore attachés aux droits politiques consacrés ar la Constitution de 1793, avaient été expulsés de la Convention par es supplices et par les arrestations.

constance, étaient les mêmes hommes par lesquels les institutions populaires avaient toujours été repoussées.

La crainte de donner gain de cause aux royalistes, l'intérêt des gens avides et la nécessité où se trouvèrent les amis sincères de l'égalité de choisir entre deux partis également criminels, exercèrent une grande influence sur l'opinion. Il en résulta un nombre de suffrages qui, quoique extrêmement faible comparativement à la population et très-confusément calculé, fournit aux coupables conventionnels le prétexte de donner force de loi à leurs décrets sur le renouvellement, que la clameur publique les avait forcés de soumettre à la sanction du peuple.

De la promulgation de ce décret naquirent l'agitation, le trouble, et enfin la révolte armée des sections de Paris, au 13 vendémiaire de l'an IV, jour où la plupart des conventionnels eussent péri, sans le généreux dévouement de ceux qu'ils avaient naguère livrés à la fureur des ennemis de la liberté. L'amour de la patrie menacée d'un asservissement total, et l'espoir de voir jaillir du choc qui se préparait un état de choses favorable à la cause qu'ils chérissaient, déterminèrent une poignée de républicains à défendre leurs ennemis récents, en combattant l'armée nombreuse des sectionnaires.

Si les conventionnels, disait-on, qui ont démoralisé la révolution en appelant autour d'eux une foule d'hommes corrompus, se déclarent leurs ennemis, ils seront forcés de se livrer aux démocrates et de céder à leurs vœux.

Cette manière de penser mit les armes à la main aux plus fermes et aux plus éclairés, auxquels se joignirent ceux qui étaient mus par le désir de se venger et par l'espoir de ressaisir l'autorité. De cette réunion, grossie par d'autres hommes semblables aux conventionnels menacés, se forma le corps armé qui fut désigné sous le nom de *bataillon des patriotes de* 1789.

Cette dénomination est très-remarquable; elle démontre combien l'opinion s'était détériorée depuis le 9 thermidor de l'an II, et prouve l'extrême corruption des conventionnels qui, osant à peine se dire républicains, imploraient bien le secours des amis de l'égalité, mais craignaient qu'on ne les soupçonnât de s'être réconciliés avec eux[1].

Après le combat du 13 vendémiaire, ceux que l'amour de l'égalité avait menés à la victoire, sommèrent les chefs de cette journée de tenir la promesse qu'ils avaient faite de rétablir les droits du peuple : ce fut en vain. On vit bien, au ton avec lequel ils recommandaient une extrême circonspection, qu'il ne fallait pas compter sur les engagements que la peur seule leur avait fait contracter.

Tandis que la grande majorité de la Convention cherchait des faux-fuyants pour éluder les demandes des amis de l'égalité, ceux d'entre eux qui étaient encore détenus, ne se lassaient pas de solliciter leurs compagnons déjà libres d'user de la victoire au profit de la démocratie. Le sang, disaient-ils, aura coulé en pure perte, si on laisse échapper l'occasion où les bons sont en force et où les sénateurs effrayés leur doivent la vie. Ils voulaient qu'on demandât impérieusement à la Convention la cassation des dernières élections, l'abolition de la nouvelle constitution et l'établissement immédiat de celle de 1793.

On se disposa à demander la cassation des élections, et la pétition déjà signée allait être présentée, lorsque des députés conjurés de thermidor, réunis à d'autres que la justice nationale avait frappés au 31 mai, redoutant les lois populaires plus que la royauté, parvinrent à diviser les nombreux signataires de la pétition, qui ne fut pas présentée.

Cependant, à la suite d'un rapport de Barras qui dévoila les vastes projets des révoltés, dont la Convention elle-même renfermait des complices, fut créée une commission de salut public, dont les intentions présumées ranimèrent un moment chez les républicains des espérances qui furent bientôt déçues. On crut en effet que la cassation des dernières élec-

1. Au moment où les premiers coups de fusil se firent entendre, les comités de gouvernement allaient proposer à la Convention de désarmer et de plonger de nouveau dans les prisons les républicains armés pour sa défense. (Buonarroti.)

tions allait être proposée par cette commission; mais, soit qu'on lui fît trop d'honneur, soit qu'elle se laissât intimider par les virulentes diatribes de Thibaudeau, elle se borna à proposer de légers palliatifs qui ne remédièrent à rien, et la constitution de l'an III fut presque aussitôt mise à exécution par les conventionnels qui, de plus belle, vouaient haine à l'égalité, sous les noms de terreur et d'anarchie.

Dans l'intervalle qui s'écoula entre le combat du 13 vendémiaire et l'amnistie du 4 brumaire suivant, tous les patriotes qui étaient encore détenus furent élargis; ils durent la liberté, non au triomphe de la cause populaire, mais à la lâche politique de ses ennemis : en sortant des cachots où ils avaient sondé la profondeur des maux publics, ils menaçaient les traîtres qui venaient de briser leurs fers.

A cette époque, les amis persévérants de l'égalité étaient profondément affligés de la dépravation qui, se glissant même dans les opinions d'un grand nombre de révolutionnaires, menaçait les doctrines démocratiques d'un éternel oubli. En général, les patriotes, dont le plus grand nombre agit souvent plus par entraînement que par réflexion, s'enorgueillissaient de la victoire de vendémiaire, comptaient la nomination de Barras et de Carnot au directoire exécutif, au nombre des événements heureux de la révolution, et se consolaient de leurs longs malheurs, par l'idée des places et des faveurs qu'ils se flattaient d'obtenir. On eût dit qu'ils avaient oublié la cause pour laquelle ils avaient combattu, et que, voyant d'un œil indifférent l'envahissement des droits du peuple, qui venait d'être consommé, ils faisaient consister le salut de la patrie dans le soulagement de leurs propres maux.

Cependant tous ne partageaient pas cette manière de voir; car, si les hommes dont nous venons de parler, pensaient ou feignaient de penser qu'il fallait attendre du temps la réforme de la nouvelle constitution, et la préparer en s'introduisant adroitement dans les fonctions publiques, d'autres, effrayés de la consistance que l'affermissement du nouveau gouvernement et le refroidissement toujours croissant de l'énergie républicaine allaient donner aux principes de la tyrannie, croyaient qu'il était du devoir des véritables amis de l'égalité de sonner l'alarme et de conduire le peuple au recouvrement de ses droits.

De ce partage d'opinions, s'en forma un parmi les républicains; ceux qui faisaient souvent céder les principes de la justice à leurs commodités particulières, prirent le nom de *patriotes de* 1789; les autres qui se distinguaient par leur persévérance à défendre la démocratie, s'appelèrent les *égaux*.

Après leur élargissement, les patriotes et surtout les égaux, inquiets sur le sort de la liberté, cherchaient à se réunir et à se concerter pour opposer une digue puissante aux progrès de la nouvelle tyrannie. Ils s'assemblaient fréquemment dans les cafés, dans les jardins et sur les places; mais, comme tout s'y traitait avec une extrême et indispensable circonspection, les discussions générales sur l'état des choses ne laissaient entrevoir aucun résultat prompt et décisif au profit de la cause commune.

Au commencement de brumaire de l'an IV, Babeuf[1],

1. Gracchus Babeuf naquit en 1762 à Saint-Quentin, département de l'Aisne. Il était sensible, instruit et infatigable; il avait l'esprit pénétrant et juste, et écrivait avec clarté, avec feu et avec éloquence.

La Révolution française trouva Babeuf jeune, livré à l'étude, sobre, détestant la tyrannie, et méditant sur les moyens de soustraire à l'oppression ses malheureux concitoyens; il éprouva de bonne heure le besoin de se dévouer pour la liberté publique.

Dans les premiers temps de la Révolution, Babeuf écrivit en homme libre, contre le régime féodal et contre le fisc, ce qui lui valut des persécutions et un mandat d'arrêt dont les vives sollicitations de Marat firent cesser les effets. Plus tard, il fut appelé au secrétariat d'une administration de district, où ses discours et ses écrits populaires lui firent de nombreux ennemis, qui eurent assez de crédit pour le faire poursuivre et condamner comme faussaire; mais le jugement rendu contre lui fut annulé par la Convention qui en reconnut solennellement l'injustice. Postérieurement, Babeuf fut employé dans les bureaux de la commune de Paris, où il se lia d'amitié avec un grand nombre de courageux républicains.

A la suite des funestes événements du 9 thermidor, Babeuf applaudit un moment à l'indulgence dont on usa envers les ennemis de la Révolution : son erreur ne fut pas de longue durée, et celui qui avait pris les Gracques pour modèles de sa conduite, ne tarda pas à s'apercevoir que

Darthé, Buonarroti, Laurjen de Doimel et Fontenelle essayèrent de créer un centre de direction, auquel les patriotes divisés pussent se rallier, afin d'agir ensuite uniformément au profit de la cause commune. Dans les réunions qui eurent lieu à cet effet, plusieurs propositions furent faites; les uns voulaient qu'on incorporât tous les patriotes sincères dans une espèce d'association maçonnique, obéissant aux impulsions des directeurs qu'on lui aurait donnés; d'autres prétendaient que, par un acte signé individuellement, on se constituât à l'instant en comité insurrecteur. Comme il n'y avait dans ces assemblées, ni l'uniformité de vues, ni la confiance indispensable pour obtenir un résultat utile, on ne put s'entendre et on cessa bientôt de se réunir.

Cependant on ne renonça pas au double projet de rallier les patriotes et de renverser la tyrannie; c'étaient là des besoins impérieux pour tout véritable républicain. On s'assembla donc peu de temps après, dans le dessein d'établir une nouvelle société populaire. A la première séance qui eut lieu

rien ne ressemblait moins à ces illustres Romains que les gouvernants post-thermidoriens. Plus grand que s'il n'avait jamais erré, Babeuf avoua sa méprise, revendiqua les droits du peuple, démasqua ceux par qui il avait été trompé, et porta si loin son zèle en faveur de la démocratie, que les aristocrates qui gouvernaient la République ne tardèrent pas à l'emprisonner.

De la maison d'arrêt du Plessis où il fut d'abord détenu, on le transféra dans celle d'Arras. Ce fut là qu'il connut Germain, de Narbonne, capitaine de hussards, dont il sera souvent parlé dans cet ouvrage, et plusieurs républicains du département du Pas-de-Calais. Babeuf fut parmi eux un prédicateur infatigable d'institutions populaires; il échauffait leur haine contre les nouveaux tyrans; il les familiarisait avec l'idée d'une grande révolution dans les propriétés, et les disposait à former une Vendée plébéienne, afin de recouvrer par la force ce qu'il ne lui paraissait plus possible d'obtenir par la voie des réclamations.

A son retour au Plessis, après l'insurrection de prairial de l'an III, Babeuf était tout occupé de semblables projets que ses fréquents entretiens avec quelques-uns des citoyens qui y étaient enfermés l'avaient aidé à mûrir; il y connut Debon qui, ayant passé toute sa vie à examiner les causes des maux publics, avait saisi mieux que personne les vues profondes de Robespierre.

On verra dans la suite de cet écrit, combien les idées de Babeuf se développèrent, et combien il eut de part à la conspiration à laquelle il chez Bouin, intervinrent, entre autres, Darthé[1], Germain, Buonarroti, Massart, Fontenelle, Philip, Laurjen de Doimel, Bertrand[2], Tismiot, Chintrard, Chapelle, Lussorilon, Lacombe, Reuf, Coulange, Bouin et Bodson.

Cette entrevue fut très-touchante : les âmes se rou-

attacha son nom. Cet homme extraordinaire, doué de grands talents, ami inflexible de la justice, fut constamment désintéressé et pauvre; bon époux, père tendre, il était chéri de sa famille; le courage avec lequel il attaqua, devant ses juges, les puissants qui demandaient sa tête et la tranquillité avec laquelle il envisagea la mort glorieuse que lui infligea l'aristocratie, rehaussent l'éclat des vertus et des travaux patriotiques de cet illustre martyr de l'égalité. (Buonarroti.)

1. Augustin-Alexandre Darthé, de Saint-Pol, département du Pas-de-Calais, instruit, juste, hardi, constant, actif, inflexible, et très-adroit à démêler et à intéresser à ses vues les passions de ceux qui l'approchaient. Il faisait à Paris son cours de droit à l'aurore de la Révolution, dans laquelle il se précipita avec le zèle d'un homme qui défend à corps perdu la vérité dès qu'elle luit à ses yeux.

En 1789, Darthé coopéra à la délivrance des gardes françaises, à la prise de la Bastille, où il contracta une infirmité incurable, et au siége du château de Vincennes. Il fut ensuite membre du directoire de son département, et en cette qualité il rendit à la République, dans des circonstances très-épineuses, des services si importants, qu'il en fut récompensé par un décret de *bien mérité de la patrie*. Elevé ensuite aux fonctions d'accusateur public auprès des tribunaux révolutionnaires d'Arras et de Cambrai, à la sévérité desquels on dut en grande partie la conservation de cette frontière, il s'y montra magistrat républicain et incorruptible autant que guerrier intrépide.

La proscription thermidorienne, à laquelle il ne pouvait pas échapper, le trouva dans une honorable indigence. Darthé pénétra de bonne heure et seconda de tout son pouvoir la pensée de Robespierre ; aussi celui-ci en faisait-il le plus grand cas ; aussi les ennemis de l'égalité lui avaient-ils voué une haine implacable.

A beaucoup de lumières et à une vive passion pour la véritable justice, Darthé réunissait des mœurs austères et un cœur compatissant. Traduit devant la haute cour de Vendôme, il refusa constamment de la reconnaître et de se défendre; condamné à mort, ses derniers soupirs furent pour la patrie.

2. Bertrand, de Lyon, fut maire de cette commune avant la révolte qui y eut lieu le 29 mai 1793, et après son retour sous les lois de la République.

Bertrand avait épuisé, en faveur de la Révolution, une fortune opulente; il était juste, loyal, généreux, plein de courage et d'aménité; ses mœurs étaient simples et la candeur était peinte sur son visage.

Les riches Lyonnais réservaient à Bertrand le sort qu'ils avaient fait vrirent à l'espérance que tant de malheurs avaient presque éteinte ; on jura de demeurer unis et de faire triompher l'égalité.

L'attention de cette assemblée fut portée sur la question de savoir si l'établissement de plusieurs sociétés dans les divers arrondissements de Paris, n'était pas préférable à celui d'une seule. Après une longue discussion, la décision fut renvoyée à une séance plus nombreuse, que l'on convint de tenir dans un lieu moins exposé aux regards de la police ; elle eut lieu dans un petit cabinet placé au milieu du jardin de l'ancienne abbaye de Sainte-Geneviève.

Tandis que les débris du parti démocratique cherchaient à se réunir en corps, le gouvernement établi par la Constitution de l'an III, posait les fondements du système politique qu'il suivit constamment depuis. L'esprit du parti conventionnel qui profita des désastres du 9 thermidor, foudroya les

subir à son ami Chalier : leurs efforts furent vains ; car le peuple répondant hautement par ses sanglots et par ses bénédictions, aux interpellations de Bertrand qui rappelaient ses sacrifices et les services qu'il avait rendus aux infortunés, les juges qui devaient l'immoler furent, à plusieurs reprises, contraints d'ajourner le jugement et de renvoyer l'accusé dans le cachot où il demeura pendant le long siege de sa commune. Le jour même du 9 thermidor, l'ordre fut donné de saisir et de traduire à Paris Bertrand et plusieurs autres démocrates lyonnais. On leur connaissait tant de pureté et de fermeté que leurs fers ne furent brisés qu'après le 13 vendémiaire de l'an IV.

Bertrand, amant passionné des hommes, de sa patrie et de la liberté, défenseur austère de l'égalité, magistrat populaire et incorruptible, bon fils, excellent ami, fut assassiné par la commission militaire du Temple, à la suite du massacre du camp de Grenelle : il dormait quand on l'appela pour le conduire au supplice.

Ce bon et vertueux citoyen qui avait été arrêté, sans armes et loin du camp de Grenelle, n'eût été, d'après les conclusions du rapporteur, condamné qu'à la détention ou à la déportation, si le Directoire exécutif ne s'était pas hâté de prévenir la commission qu'il désirait sa mort.

A la vue du certificat du recours en cassation, interjeté par Bertrand et par ses compagnons de martyre, l'exécution de leurs sentences de mort fut suspendue par le général Foissac la Tour qui, en ayant reféré au Directoire, en reçut immédiatement l'ordre de passer outre. Les victimes furent immolées.... Quelques mois après, le tribunal de cassation annula tous les jugements qui les avaient condamnées. (Buonarroti.)

démocrates en prairial, et triompha par eux en vendémiaire, passa tout entier dans les hommes qui composèrent le Directoire exécutif; cet esprit peut se réduire à ceci: *conserver et acquérir les richesses et le pouvoir; comprimer d'un côté les royalistes et les puissants, et de l'autre les amis de l'égalité.*

Dès leur installation, les cinq chefs du pouvoir exécutif s'attachèrent à mettre les anciens royalistes en présence des démocrates, afin de les combattre les uns par les autres, toutes les fois que ceux-ci ou ceux-là, prenant le dessus, leur deviendraient redoutables.

A l'époque où les patriotes songeaient à se former en société, le gouvernement paraissait favorable à leurs vues. Ayant encore besoin d'intimider les révoltés de vendémiaire, et voulant forcer, par l'épouvantail de la terreur, les riches à concourir aux mesures par lesquelles il comptait rétablir les finances délabrées de la République, il faisait encourager par ses agents l'ouverture des réunions patriotiques, résolu d'en arrêter l'élan, dès qu'elles tenteraient de rappeler les principes populaires.

Cette fourberie n'échappait pas aux patriotes attentifs qui, ayant vu, au 13 vendémiaire, le sang couler inutilement pour le peuple, s'étaient affermis dans l'opinion que rien de vraiment utile ne pouvait sortir du nouveau gouvernement.

Le parti démocratique n'était pas nombreux, et la masse des patriotes faibles, à peine revenue de son effroi, était prête à se laisser encore intimider à la moindre apparence d'une nouvelle persécution.

Quant au peuple de Paris, trompé dans ses espérances, égaré par la calomnie et par les menées sourdes du royalisme et de l'étranger, il avait abandonné les démocrates et languissait dans une profonde indifférence : une partie accusait même la révolution des maux sans nombre qui pesaient sur lui.

Les citoyens assemblés au jardin de Sainte-Geneviève sentirent les dangers auxquels la duplicité du gouvernement exposait ceux qui, par un zèle prématuré, oseraient attaquer de front l'autorité usurpatrice des droits de la nation. Il faut avant tout, disaient-ils, rectifier les idées de beaucoup de patriotes, leur regagner l'estime du peuple, et rendre à celui-ci l'ancien sentiment de ses droits et de sa force; en attendant, il faut se couvrir de la constitution et même de la protection du gouvernement, jusqu'au moment où l'on sera assez fort pour l'attaquer et le détruire. On arrêta donc d'établir sur ces principes la nouvelle société. Le besoin d'en conserver et d'en centraliser l'esprit fit écarter la proposition de la partager en plusieurs sections qui, quoique plus faciles à soustraire à l'œil de la police, offraient cependant l'inconvénient d'être plus exposées à s'écarter du plan de l'institution, et à devenir les jouets des intrigants et des ennemis de la République.

A cette société unique, on se proposa de n'appeler que des hommes sans reproche, et à qui on devait inspirer familièrement la prudence adoptée par les fondateurs.

Aussitôt la société fut ouverte dans l'ancien réfectoire des génovéfains, dont le patriote Cardinaux, locataire d'une partie de leur couvent, céda gratuitement l'usage ; et, lorsque cette salle était consacrée à des réunions d'un autre genre, la société se tenait dans un vaste souterrain du même édifice, où la pâleur des flambeaux, le bourdonnement des voix et la position gênante des assistants, debout ou assis par terre, rappelaient à ceux-ci la grandeur et les dangers de l'entreprise, ainsi que le courage et la prudence qui leur étaient nécessaires. La proximité de ce lieu au Panthéon, fit donner à la nouvelle société le nom de ce temple. Dès l'ouverture de cette assemblée, on y vit accourir un grand nombre de patriotes convoqués ou amenés par les attraits de l'institution ; avec eux, s'introduisirent des hommes qui, servilement attachés aux membres du gouvernement, réduisaient tous les devoirs des amis de la liberté à prêter leur appui à l'autorité contre les royalistes.

La société s'occupa d'abord de son organisation ; mais telle était l'excessive prudence ou la faiblesse de la plupart de ses membres, qu'on eut à cet égard de grands obstacles à surmonter. Craignant d'offrir quelque ressemblance avec les anciennes sociétés, ils renchérissaient sur les entraves forgées par la nouvelle constitution au droit de s'assembler. Avoir un règlement, un président, des secrétaires, des procès-verbaux, une forme d'admission, c'était, à leurs yeux, se rapprocher trop sensiblement des jacobins, et prêter les flancs à une nouvelle persécution.

On parvint enfin à s'entendre, et la société eut un règlement qui, n'admettant ni registres, ni procès-verbaux, ni d'autre condition d'admission que la présentation de deux membres, rendit tout ordre presque impossible, et ouvrit l'entrée de la société à une foule d'hommes douteux, qui en pervertirent souvent l'esprit, et y élevèrent de dangereuses contestations. Un orateur et un vice-orateur tinrent lieu de président et de secrétaire, et il n'y eut, pour faire face aux dépenses indispensables, que les contributions libres des associés.

En peu de temps, la société du Panthéon compta plus de deux mille membres. Dans les circonstances du temps et avec le règlement qu'elle s'était donné, il n'était ni prudent, ni facile d'en exclure tous les individus qui n'avaient pas mérité d'être rangés parmi les égaux. Il fallut admettre un grand nombre de patriotes qui avaient été atteints de quelques erreurs, et particulièrement de ceux qui prétendaient ramener la démocratie par l'envahissement des fonctions publiques.

On apercevait aisément l'existence de ces divers éléments dans le sein de la société. Les égaux se faisaient remarquer par leur zèle à éclairer le peuple et à remettre en honneur les dogmes de l'égalité, tandis qu'on reconnaissait les patriotes de 89 à leur empressement à exercer sur le gouvernement une influence favorable à leur repos et à leurs intérêts. La prépondérance alternative de ces deux partis fit faire à la société des démarches contraires.

Ceux-ci déterminèrent souvent l'assemblée à solliciter des

places pour les citoyens qu'ils affectionnaient : ceux-là développaient à ses yeux l'affligeant tableau de l'opinion publique dépravée, et des erreurs par lesquelles les ennemis de la liberté s'efforçaient d'égarer le peuple ; lui montraient le triomphe de l'égalité comme le seul objet digne de ses vœux, et provoquaient des mesures propres à ranimer le courage presque éteint de la multitude et à rallumer ce saint enthousiasme, auquel elle avait dû tant de victoires remportées sur toute espèce de tyrannie.

Une commission fut chargée de proposer un ordre de travaux, et un mode prompt et facile de communication avec le peuple. Des affiches intitulées : *La vérité au peuple par les patriotes de* 1789, attirèrent bientôt l'attention publique sur les affaires nationales, sans attaquer directement les gouvernants, dont il eût été imprudent de provoquer la vengeance. Le premier effet de ces écrits fut d'amener à la nouvelle société un grand nombre d'hommes laborieux qui, renaissant à l'espérance, s'empressaient de répéter, en tout lieu, les nombreuses vérités qu'ils y entendaient proclamer.

Comme le but que se proposaient les instituteurs de la société était de procurer au peuple un prompt soulagement, et de mériter par là sa confiance, afin d'en employer ensuite la force au recouvrement de ses droits, la commission conseilla de solliciter l'exécution de deux lois que l'esprit de la contre-révolution avait fait tomber dans l'oubli : celle qui promettait aux défenseurs de la patrie un milliard de biens nationaux, et celle qui avait été rendue en l'an II pour l'extinction de la mendicité.

Tandis qu'au Panthéon on remettait avec ménagement en vigueur les principes démocratiques, que d'autres sociétés se formaient, dans le même esprit, sur plusieurs points de Paris, et que les écrivains de l'aristocratie sonnaient l'alarme contre les nouvelles tentatives des soi-disant *terroristes*, Babeuf dévoilait hardiment, dans son *Tribun du Peuple*, les crimes de ceux qui gouvernaient la République, démontrait la bonté et la légitimité de la constitution de 1793, et ne balançait pas à signaler la *propriété individuelle* comme la source principale de tous les maux qui pèsent sur la société. Tant de courage lui valut une nouvelle proscription, à laquelle il ne put se soustraire qu'en cherchant un asile obscur dans les habitations de quelques démocrates[1].

En même temps, un comité secret se formait chez Amar, rue Cléry, pour préparer une insurrection contre la tyrannie qui appesantissait, de plus en plus, son bras de fer sur le peuple français. Amar, Darthé, Buonarroti, Massart[2] et Germain s'y rendirent les premiers, et s'adjoignirent successivement Debon, Genois, Félix Lepelletier, Clémence et Marchand.

La vive douleur dont ils étaient pénétrés portait, comme par inspiration, les amis de la liberté à combiner leurs forces contre le joug odieux qui opprimait le peuple. Les démocrates éclairés s'y croyaient rigoureusement obligés.

Ceux qui composaient le comité réuni chez Amar, considéraient unanimement le gouvernement, établi par la constitution de l'an III, comme illégitime dans son origine, oppressif dans son esprit et tyrannique dans ses intentions : tous demeuraient d'accord que le salut de la République et de la liberté commandait impérieusement sa destruction.

Avant de s'occuper des moyens de l'opérer, on voulut que chaque membre fût non-seulement convaincu de la justice de l'entreprise, mais qu'il eût aussi une idée complète de l'ordre politique qu'il convenait de substituer à celui dont on

1. Babeuf dut alors la liberté aux forts de la halle. Un huissier s'étant présenté chez lui, rue du Faubourg-Honoré, n° 29, avec un mandat d'amener, motivé sur les provocations contenues dans ses écrits, Babeuf, après une longue lutte, parvint à s'échapper ; l'huissier le suivit en criant au *voleur;* deux fois les forts de la halle le saisirent et deux fois ils le relâchèrent au seul nom de l'écrivain qui défendait les droits du peuple : Didier et Darthé lui donnèrent asile dans l'ancien couvent de l'Assomption. (Buonarroti.)

2. Massart, qui fut acquitté par le jury, était un ex-adjudant général de l'armée ; il fut transporté en nivôse aux îles Sechelles et y mourut. — A. R.

méditait l'anéantissement. On désirait sincèrement le bonheur du peuple, et on sentait qu'il était contraire à ses vrais intérêts de le livrer légèrement à des convulsions, dont le résultat aurait pu être d'élever une nouvelle tyrannie sur la ruine de la tyrannie existante, de créer de nouveaux priviléges et de favoriser de nouvelles ambitions.

Le comité fut d'abord un lycée politique, où, après avoir démêlé les causes des maux qui affligent les nations, on parvint à poser avec précision les principes d'ordre social que l'on crut les plus propres à les en délivrer et à en empêcher le retour.

Jamais, disait-on, la masse du peuple n'est parvenue au degré d'instruction et d'indépendance nécessaire pour l'exercice des droits politiques, essentiels à la liberté, à sa conservation et à son bonheur. Les nations les plus sages de l'antiquité eurent des esclaves qui les mettaient sans cesse en péril, et, si on en excepte les Péruviens, les Paraguayens et quelques peuplades peu connues, jamais société civile ne put faire disparaître de son sein cette foule d'hommes qu'aigrit et rend malheureux l'idée des biens dont ils sont privés et dont ils voient les autres en possession. Partout la multitude rampe sous la verge d'un despote ou sous celle des castes privilégiées. Et, portant ensuite les regards sur la nation française, on la voyait asservie, par les manœuvres des égoïstes conquérants, à la corporation des riches et des enrichis.

Quant à la cause de ces désordres, on la trouvait dans l'inégalité des fortunes et des conditions, et, en dernière analyse, dans la propriété individuelle, par laquelle les plus adroits ou les plus malheureux dépouillèrent et dépouillent sans cesse la multitude qui, astreinte à des travaux longs et pénibles, mal nourrie, mal vêtue, mal logée, privée des jouissances qu'elle voit se multiplier pour quelques-uns, et minée par la misère, par l'ignorance, par l'envie et par le désespior, dans ses forces physiques et morales, ne voit dans la société qu'un ennemi, et perd jusqu'à la possibilité d'avoir une patrie.

L'histoire de la révolution française venait à l'appui des réflexions du comité. Il y voyait la classe antérieurement riche et celle qui l'était devenue, assidûment occupées à s'assurer la prééminence ; il y voyait que les prétentions ambitieuses allaient toujours de pair avec la haine du travail et le désir de l'opulence ; que l'attachement du peuple au droit de cité s'était refroidi, à mesure que les institutions favorables à l'égalité avaient reçu des atteintes, et que toute la politique des aristocrates consistait à appauvrir, diviser, dégoûter, effrayer et comprimer la classe laborieuse, dont les réclamations sont par eux représentées comme les causes les plus actives de la décadence de la société.

D'après ces observations, on dut conclure que la cause toujours agissante de l'esclavage des nations est tout entière dans l'inégalité, et que, tant qu'elle existera, l'exercice de leurs droits sera à peu près illusoire pour une foule d'hommes que notre civilisation ravale au-dessous de la nature humaine.

Détruire cette inégalité est donc la tâche d'un législateur vertueux ; voilà le principe qui résulta des méditations du comité : comment y parvenir ? ce fut le sujet d'un nouvel examen.

Amar, qui avait vu la Convention nationale pourvoir aux besoins urgents de la patrie, par la taxe des objets vénaux, par les contributions révolutionnaires et par les réquisitions sur les riches, vantait cette manière d'enlever, ce sont ses propres mots, le superflu qui encombre les canaux trop remplis, pour le rendre à ceux qui manquaient du nécessaire. D'autres proposaient tour à tour le partage des terres, les lois somptuaires et l'impôt progressif.

Debon, Darthé, Félix Lepelletier et Buonarroti observaient que les législateurs, qui, pour diminuer les ravages de l'inégalité, avaient eu recours au partage des terres et aux lois somptuaires, en livrant la distribution des travaux et des biens à l'avidité et à la concurrence, n'avaient opposé à un torrent impétueux que de faibles remparts toujours minés et renversés par l'action de l'avarice et de l'orgueil, auxquels le maintien du droit de propriété fournit constamment mille moyens de franchir tous les obstacles.

Les réquisitions, disaient-ils, les taxes, les contributions révolutionnaires, furent employées utilement pour faire face aux besoins urgents du moment et pour déjouer la malveillance des riches ; mais elles ne sauraient faire partie de l'ordre habituel de la société, sans en attaquer l'existence ; car, outre qu'il serait impossible de les asseoir sans risquer d'enlever le nécessaire, elles entraîneraient le grave et irréparable inconvénient de tarir les sources de la reproduction, en enlevant aux propriétaires, à qui elles laisseraient la charge de la culture, l'encouragement de la jouissance, et seraient insuffisantes contre l'entassement sourd du numéraire, résultat inévitable du commerce vers lequel se tourneraient naturellement les spéculations de l'avidité.

Par la loi de la nature qui fait dépendre la production du travail, ce travail est évidemment pour chaque citoyen une condition essentielle du pacte social ; et comme chacun, en entrant dans la société, y apporte une mise égale (la totalité de ses forces et de ses moyens), il s'ensuit que les charges, les productions et les avantages doivent être également partagés. Ils faisaient en outre remarquer que le but de la société est effectivement de prévenir les effets des inégalités naturelles ; que, fût-il vrai que l'inégalité des jouissances eût hâté les progrès des arts vraiment utiles, elle doit cesser aujourd'hui que de nouveaux progrès ne sauraient rien ajouter au bonheur réel de tous ; et que l'égalité suggérée par le simple bon sens aux fondateurs des sociétés, nous est recommandée plus vivement encore par l'accroissement de nos connaissances, et par l'expérience journalière des maux que l'inégalité traîne à sa suite.

Ceux qui raisonnaient ainsi voyaient dans la *communauté des biens et des travaux*, c'est-à-dire dans l'égale répartition des charges et des jouissances, le véritable objet de la perfection de l'état social, le seul ordre public propre à bannir à jamais l'oppression, en rendant impossibles les ravages de l'ambition et de l'avarice, et à garantir à tous les citoyens le plus grand bonheur possible. Debon avait rédigé un ouvrage, dans lequel il démontrait l'injustice du droit de propriété, et développait la longue série des maux qui en sont les suites nécessaires.

Amar parut frappé d'un trait de lumière : à la première énonciation de ce système, il en devint le défenseur enthousiaste ; et, ne songeant plus qu'à en justifier et à en propager les principes, il porta en peu de temps la chaleur de son zèle jusqu'à s'en faire en public l'apologiste fougueux.

Il était reconnu dans le comité que les lois de la liberté et de l'égalité ne recevraient jamais une application utile et durable, sans une réforme radicale dans l'ordre des propriétés ; on convenait que les patriotes ne paraîtraient, aux yeux de la multitude, què des intrigants inquiets et intéressés, tant qu'ils ne se feraient pas ouvertement les apôtres d'un système politique, propre à garantir sensiblement les mêmes avantages à tous les membres de la société.

En développant ces idées, on parla souvent des philosophes et surtout des hommes de la Révolution qui en avaient reconnu la justice. De ce nombre étaient Robespierre et ses compagnons de martyre, qui, aux yeux de ceux dont je viens d'exposer la doctrine, avaient évidemment aspiré à l'égale distribution des charges et des jouissances. Au nom de Robespierre, Amar qui, au 9 thermidor, en avait été un des plus violents persécuteurs, avoua ses torts, témoigna son repentir et ne chercha à excuser sa faute qu'en alléguant l'ignorance, où il prétendit avoir été, des vues bienfaisantes de celui qu'il avait calomnié et immolé.

Le comité ne se dissimulait pas combien avaient été funestes à la cause commune et aux bonnes mœurs, la catastrophe du 9 thermidor et les événements tragiques qui en furent les suites ; il savait que, depuis, une foule de citoyens s'étaient livrés à la plus honteuse rapacité, et n'ignorait pas que les plus petits propriétaires s'étaient rattachés à leurs possessions, auxquelles ils avaient été naguère prêts à renoncer, convaincus que toute vue d'intérêt commun avait disparu de la législation, abandonnée désormais à l'égoïsme le plus effréné. Il sentait, par conséquent, combien il était difficile de substituer, immédiatement et d'un seul jet, à la législation des propriétés, celle incomparablement plus douce et plus équitable de l'*égalité des biens et des travaux*.

Cependant rien n'était plus éloigné de cette égalité que l'ordre social établi par le Code de l'an III, dont l'affermissement allait enlever au peuple l'exercice de ses droits naturels. Cependant, il paraissait au comité que, pour amener le peuple à se prononcer sur l'objet constant de ses vœux secrets, que le défaut de lumière et de bonne direction l'avait toujours empêché d'atteindre, il fallait commencer par lui rendre ses assemblées, ses discussions, ses délibérations et le sentiment de sa force. Il voyait dans la constitution de 1793 cet acheminement à un plus grand bien, et cela, joint aux motifs qui faisaient justement respecter en elle la volonté des Français librement et solennellement émise, le déterminèrent à en faire le premier point de ralliement des patriotes et du peuple.

On ne se dissimulait pas les défauts de cette constitution ; on les trouvait principalement dans les articles de la déclaration des droits, qui, en définissant le droit de propriété, le consacrent dans toute son effrayante latitude. On avouait, néanmoins, que jamais ouvrage de ce genre n'avait tant approché de la perfection, et on applaudissait aux dispositions qui offraient un vaste champ ouvert à toutes les améliorations.

Après un long et sérieux examen, le comité réduisit les devoirs des amis du peuple à ces deux points cardinaux : 1° Rétablir la constitution de 1793, consentie par le peuple ; loi qui consacre franchement l'exercice de sa puissance ; moyen prompt d'arriver à l'égalité ; point de ralliement nécessaire pour renverser l'autorité existante, convaincue de tyrannie ; 2° Préparer de loin l'adoption de la véritable égalité, en la montrant au peuple comme le seul moyen de tarir à jamais toutes les sources des maux publics.

La révolution qu'on méditait, devant commencer par la destruction de la constitution de l'an III, il était naturel que le comité s'occupât des moyens de l'opérer, et de la forme publique à substituer subitement au gouvernement qu'on voulait abattre. Il était évident que la nécessité des choses et le succès même de l'entreprise voulaient qu'il y eût un intervalle entre la chute du pouvoir aristocratique et l'établissement définitif de la constitution populaire.

Ce n'était que par la force du peuple qu'on se proposait d'attaquer le gouvernement usurpateur ; et cette force, on ne comptait la mettre en action que par l'ascendant de la vérité, par l'amour de la liberté et par la haine de l'oppression.

Devant revenir, dans le cours de cet ouvrage, sur la forme de l'autorité provisoire par laquelle les conjurés se proposaient de remplacer soudainement l'ordre constitutionnel de l'an III, je me bornerai ici à l'exposition succincte des avis qui partagèrent le comité.

Les uns proposaient de rappeler les débris de la Convention nationale, qu'ils regardaient comme existant encore de droit ; d'autres voulaient confier le gouvernement provisoire de la République à un corps nommé par le peuple de Paris en insurrection [1] : d'autres enfin étaient d'avis de remettre, pour un temps déterminé, à un seul homme qu'on eût appelé dictateur ou régulateur, le pouvoir suprême et le soin d'instituer la République.

On verra ci-après les raisons dont chacun étayait son opinion : il suffit pour le moment de dire que l'autorité provisoire, à la nomination des insurgents, fut préférée au rappel de la Convention proposé par Amar, et à la dictature mise en avant par Debon.

Tandis que le comité mûrissait ses projets, la société du Panthéon et les écrits de Babeuf devenaient pour lui des leviers du mouvement qu'il méditait : afin d'en diriger l'action, il insinuait aux orateurs de la société dont il comptait former le premier noyau de l'insurrection, d'en réprimer avec prudence les élans prématurés sans en éteindre l'énergie,

1. Il existe dans les pièces du procès une lettre très-curieuse d'un des accusés, Bodson, à Babeuf. Bodson conseille aux égaux de s'appuyer sur les débris de la Commune de Paris. Il s'ensuivit une discussion assez vive entre Babeuf et Bodson au sujet du procès des hébertistes. A. R.

et encourageait Babeuf à redoubler de zèle contre les oppresseurs, et à appeler sans ménagement le peuple à la conquête pleine et entière de ses droits.

On allait se partager en sections, afin de préparer l'insurrection, poser les bases de la législation provisoire qui devait la suivre, et rédiger les institutions définitives de l'égalité, lorsque la méfiance vint ralentir les travaux du comité, qui ne tarda pas à se dissoudre.

Amar devint l'objet des inquiétudes communes : il était odieux à beaucoup d'amis de l'égalité autant qu'aux partisans de l'aristocratie ; ceux-ci lui reprochaient la part qu'il avait eue aux poursuites dirigées contre les girondins, et la sévérité qu'il avait déployée contre les ennemis de la République ; ceux-là l'accusaient d'avoir été un des plus violents proscripteurs des victimes du 9 thermidor, sur lesquelles on prétendait qu'il avait exercé des traits affreux de cruauté : on le disait vain, imprudent, intrigant et vindicatif. Mais il avait su gagner la confiance de Darthé et de Massart, et ce fut par eux que les autres membres du comité lui furent associés.

Retenus auprès d'Amar par l'ardent désir de servir la cause du peuple et par l'opinion qu'ils avaient de la sincérité du zèle qu'il manifestait, ils en étaient repoussés par d'amers souvenirs, par l'empressement même avec lequel il s'était prononcé pour le système des égaux, et même par l'injuste crainte d'une trahison.

Héron, qui avait été un des principaux agents du comité de sûreté générale de la Convention, y avait conçu contre Amar une haine implacable. Malade, mourant, à peine apprend-il que des républicains placent en celui-ci quelque confiance, qu'il se hâte de mander Félix Lepelletier, le conjure au nom de la patrie de les en éloigner, et le charge de le leur peindre sous les couleurs les plus effrayantes. Le vœu de Héron ayant été rempli, le comité qui, par des motifs de prudence, venait de transférer ses séances à la rue Neuve-Égalité, fut immédiatement dissous[1].

1. Amar avait fait quelques sacrifices pécuniaires pour la conspiration

Il n'y avait pas à cette époque un véritable républicain qui ne fût conspirateur ou prêt à le devenir; tous éprouvaient éminemment le besoin de se réunir et de se concerter pour parvenir à la destruction de la tyrannie. Aussi, lorsque le comité dont je viens de parler fut dissous, se formèrent sur plusieurs points de Paris d'autres réunions du même genre, dans lesquelles on remarqua Darthé, Buonarroti, Massart, Bouin[1], Didier, Antonelle, Germain, Bodman, Chintrard, Deray, Tismiot, Dufour et Chapelle.

Ces nouvelles assemblées n'eurent pas une longue existence, parce que la surveillance de la police et une influence secrète qui tendait à rattacher à un autre centre les efforts des démocrates, les firent bientôt cesser : ce fut là que fut développé le projet de distribuer tous les patriotes en petits clubs inaperçus, dont les députés eussent formé des sociétés d'arrondissement soumises à un comité central, lequel eût été composé d'un petit nombre de démocrates éprouvés, chargés d'imprimer au tout une impulsion uniforme.

Au Panthéon, on avait beaucoup de peine à contenir les élans de la société devenue plus nombreuse, contre la tyrannie constitutionnelle de l'an III. Les vives discussions auxquelles donnait lieu la lecture des journaux de tous les partis, et celles encore plus animées qu'occasionna la proposition de solliciter la mise en vigueur de la loi qui attribuait aux défenseurs de la patrie un milliard de biens nationaux, ainsi que celle qui octroyait aux citoyens pauvres d'honorables secours, y réveillèrent l'ancienne énergie démocratique, et firent connaître au gouvernement les amis les plus dévoués et les plus éloquents des principes populaires.

démocratique, à laquelle il ne cessa de coopérer jusqu'au moment où il fut impliqué dans l'accusation portée contre ses auteurs. (Buonarroti.)

1. Encore un transporté de nivôse! Bonaparte, on le voit, choisissait bien. Mathurin Bouin, ex-juge de paix, fut condamné par la haute cour de Vendôme à la déportation, mais seulement par contumace. Après l'affaire de la machine infernale dont il était aussi innocent que ses compagnons de transportation, il fut expédié à l'île d'Anjouan; il y est mort. — A. R.

Quoiqu'il fût reçu parmi les panthéonistes qu'une sage dissimulation était une précaution nécessaire pour rendre moins difficile l'accomplissement de leurs vœux, on ne pouvait empêcher les discours hardis de circuler de bouche en bouche et même d'éclater quelquefois à la tribune de la société, tantôt par un effet de zèle, et tantôt par celui d'une intrigue tendant à provoquer l'anéantissement de cette utile institution. D'ailleurs il était impossible d'inspirer au peuple de l'énergie sans lui parler de ses intérêts et de ses droits; et la nécessité où l'on était de laisser quelque latitude aux discussions, combinée avec la circonspection dont il fallait s'armer, afin de ne pas donner trop tôt l'éveil à la tyrannie, constituait les orateurs du Panthéon dans une position embarrassante, soit sous le rapport de l'intérêt public, soit sous celui de la confiance dont il importait de les maintenir en possession.

Pendant que la société réveillait l'attention des amis et des ennemis de l'égalité, que ses discussions étaient répétées et commentées par les journaux patriotiques, défigurées, censurées et calomniées par les écrivains contre-révolutionnaires, et que les vieux démocrates jetaient sur le Panthéon des regards d'espérance, le peuple parisien sortait graduellement de l'indifférence où ses longs malheurs l'avaient plongé, et il se formait dans tous les départements un grand nombre de sociétés correspondant secrètement avec celle de la capitale, par l'entremise de leurs membres qu'elle admettait dans son sein.

Les travaux de la société du Panthéon étaient partagés comme il suit :

Lecture des journaux;

Communication de la correspondance des membres;

Quêtes pour les patriotes malheureux;

Démarches pour faire rendre la liberté à ceux que l'aristocratie précipitait dans les fers.

Venaient ensuite les discussions sur la législation et sur la marche du gouvernement, les propositions et l'examen des adresses à présenter aux autorités. De vifs débats mettaient souvent à nu les sentiments généreux de ceux qui aspiraient à rendre au peuple la plénitude de ses droits, et les vues intéressées et étroites de quelques autres qui visaient à faire de la société le piédestal d'une odieuse domination.

Parmi les événements remarquables qui se passèrent dans le sein de cette société, les deux suivants méritent une attention particulière.

Avant le 9 thermidor de l'an II, deux lois avaient préparé une grande réforme dans la distribution des richesses territoriales.

Par la première, un milliard de biens nationaux avait été promis aux défenseurs de la patrie.

Par la seconde, les biens des ennemis de la révolution étaient alloués aux patriotes malheureux[1].

Presque tous les panthéonistes considéraient l'exécution de la première comme la dette de la reconnaissance; mais les plus dévoués à la cause de l'égalité y voyaient en outre un premier pas à faire pour arriver à la mise en vigueur de la seconde, et pour familiariser la nation avec le principe qui place entre les mains du souverain le droit de disposer des biens : ils sentaient d'ailleurs que ce n'était que par des discussions de ce genre qu'on pouvait réveiller dans le peuple cette énergie qui lui avait fait opérer tant de prodiges, et sans laquelle tous les efforts pour établir un ordre public raisonnable, seraient vains.

Aussi la proposition de solliciter la distribution effective du milliard fut accueillie avec transport, et l'adresse qui en contenait la demande fut d'abord adoptée sans modification; cependant l'envoi en fut indéfiniment ajourné dans une séance postérieure, par l'influence de quelques agents du gouvernement, qui parvinrent à replonger la majorité des membres de la société dans l'effroi d'où ils venaient à peine de sortir[2].

1. Décrets des 8 et 14 ventôse de l'an II.

2. Les biens nationaux affectés dès le commencement à l'extinction de la dette publique ancienne, représentée par les rentes sur l'État,

La hardiesse avec laquelle Babeuf attaquait, dans son *Tribun du Peuple*, la constitution en vigueur et les membres du gouvernement, fut la cause du silence rigoureux que la société du Panthéon garda longtemps sur son compte : ceux qui approuvaient les opinions du tribun, craignaient de tout perdre par la participation; les timides avaient peur de se compromettre; les ennemis de la doctrine de Babeuf appréhendaient de lui donner de l'importance.

Au commencement de ventôse de la 4e année, la proscription qui pesait sur Babeuf atteignait son épouse; elle fut arrêtée comme prévenue d'avoir distribué les écrits de son mari, dont on ne voulait en effet que savoir d'elle la demeure secrète. Au récit de cet excès de cruauté, le Panthéon retentit de mille cris d'indignation; les amis de l'égalité élevèrent la voix en faveur du courageux Babeuf; ils obtinrent que la société solliciterait la liberté de sa femme, et que des secours pécuniaires lui seraient envoyés dans sa prison.

Le nouvel empressement avec lequel le peuple accueillait les vérités qu'il avait naguère défendues avec tant de gloire, l'esprit d'égalité qui se répandait de nouveau sur toute la France, ce nouvel élan vers la démocratie, et par-dessus tout, le caractère connu de plusieurs membres du Panthéon, avaient déchaîné contre cette société tous les écrivains antipopulaires auxquels se joignirent plusieurs orateurs du con-

et de la nouvelle, représentée par le papier-monnaie connu sous le nom d'assignats, furent horriblement dilapidés, lorsque, après le 9 thermidor, il fut permis de les acheter sans enchères et sans publicité, par simple soumission, et d'en payer le prix en papier, qui n'avait presque plus de valeur, d'après l'expertise faite autrefois en numéraire. De là, ainsi que du brigandage de ceux qui approvisionnaient les armées, vinrent ces fortunes colossales et ce luxe effréné qui contribuèrent ensuite si puissamment à la ruine totale de la République.

Les panthéonistes représentaient dans leur adresse que, pour peu que le désordre continuât, il ne resterait pas un arpent de terre pour acquitter la dette contractée envers les défenseurs de la patrie. Déjà Robespierre s'était plaint, dans ses derniers discours, de la faveur accordée aux riches rentiers au détriment des pauvres, et surtout de ce que le comité des finances souffrait qu'on diminuât la masse des biens nationaux réservés au peuple. (Buonarroti.)

seil des Cinq-Cents : le gouvernement qui, au commencement, y avait applaudi, comptant en faire l'épouvantail des royalistes, en redoutait déjà l'influence. Des agents secrets de la tyrannie, secondés par la timidité des hommes faibles, paralysèrent l'énergie de la société en y semant l'épouvante : tantôt ils lui montraient une bande d'aristocrates prêts à l'assaillir à main armée ; tantôt ils étalaient à ses yeux la colère du gouvernement, irrité par la prétendue hardiesse de ses discussions. Ils ne proposaient pour tout remède que des actes de soumission et de protestations d'attachement au système établi.

Entraînée par de semblables conseils, la société se fit proposer une adresse au Directoire exécutif, dans laquelle, après mille basses flatteries, on lui faisait jurer fidélité à la Constitution de l'an III. L'adresse fut vivement combattue ; mais, ayant été adoptée par la majorité, elle devint le motif d'un schisme patent entre ceux qui la signèrent, et ceux qui préférèrent à un lâche parjure la chance d'une nouvelle proscription. Cet éclatant dénouement mit à découvert tous les sentiments, et l'autorité usurpatrice connut avec certitude les citoyens dont elle avait le plus à redouter les principes et la fermeté.

Dans le cours de ses travaux, la société porta ses regards sur le crédit des assignats, sur la liberté de la presse et sur la formation du jury.

Telle était alors la rapidité avec laquelle les assignats perdaient de leur valeur, que les salaires ne pouvaient pas se mettre de niveau avec le prix des denrées, qui doublait du matin au soir ; tous ceux qui vivaient de leur travail, ne pouvant plus gagner de quoi subsister, vendaient leurs meubles et leurs haillons, languissaient dans la misère et mouraient d'inanition. Une pétition des panthéonistes appela sur ce grave désordre l'attention du Corps législatif.

Une autre pétition réfuta les sophismes par lesquels des voix malveillantes avaient provoqué, au sein du Corps législatif, des restrictions à la liberté de la presse, afin, disait-on, de réprimer l'audace des démocrates que la nouvelle aristocratie confondait, méchamment et à dessein, avec les royalistes.

Par la nouvelle législation, le droit d'être inscrit sur les tableaux des jurés d'accusation et de jugement ayant été enlevé à ceux qui ne payaient pas le cens électoral, les classes peu fortunées avaient perdu, dans les jugements, la garantie qui en résultait : de là les rigueurs juridiques pour elles, et l'indulgence pour les privilégiées. Un abus aussi dangereux que criant, fut dénoncé par la société au peuple et au Corps législatif qui demeura muet.

Ceux qui, dès le commencement, s'étaient proposé de faire de la société du Panthéon le point d'appui des restaurateurs de la démocratie, eurent toujours en vue de ranimer l'énergie populaire et de ménager en même temps l'autorité constitutionnelle, jusqu'au moment où la rectification générale de l'opinion publique permettrait de parler sans détours, et rendrait vains les efforts des oppresseurs. Conséquemment ils voulaient qu'on se bornât à discuter les droits des hommes et des peuples, en évitant toute application directe aux tyrans du jour; et ce fut d'après leurs conseils que la société désapprouva constamment le zèle inconsidéré et peut-être simulé de ceux qui articulèrent dans son sein des dénonciations graves contre les membres du directoire exécutif, et y proclamèrent l'insurrection.

Les mêmes motifs de prudence firent refuser l'entrée de la société aux Montagnards proscrits, dans lesquels le gouvernement voyait à tort des conspirateurs dangereux : Drouet seul fut admis [1].

Au mois de pluviôse de l'an IV, l'affluence des hommes du peuple qui se présentaient au Panthéon, le bon esprit des petites sociétés démocratiques formées dans plusieurs quartiers de Paris, et le vif intérêt que le peuple prenait au ré-

1. Il avait fait arrêter à Varennes le roi rebelle et fugitif, et s'était rangé, dans la Convention, sous les drapeaux de la démocratie; fait prisonnier au siége de Maubeuge, par suite de son bouillant dévouement, il était dans les cachots de l'Autriche, lors des funestes événements de thermidor qu'il blâmait hautement. (Buonarroti.)

tablissement de ses droits, avertirent les fondateurs du Panthéon que leurs vœux commençaient à s'accomplir, et qu'il était temps d'ouvrir à leurs efforts un champ plus vaste.

Jusque-là ils s'étaient bornés à rallier et à ranimer les éléments les plus actifs de la révolution : ils sentirent alors que le temps était venu d'exercer la même influence sur le peuple parisien.

Cherchant à concilier la publicité indispensable des séances avec les règlements de police, et surtout avec les ménagements que commandait la prudence, ils en vinrent à se convaincre que, leur doctrine politique étant la conséquence la plus rigoureuse des lois de la nature, il était aussi raisonnable que facile de la présenter comme le code de la Divinité, c'est-à-dire comme l'objet de la religion naturelle.

On résolut donc de paraître dans les temples publics sous le titre de déistes, prêchant pour tout dogme la morale naturelle.

Et, comme il était utile d'accoutumer la multitude à remplacer les pratiques de l'Église catholique par d'autres pratiques, ce que le gouvernement même cherchait alors à accomplir par l'introduction des fêtes décadaires, il fut arrêté qu'on célébrerait publiquement ces fêtes, et qu'à cet effet un vaste temple serait demandé au directoire exécutif.

Celui-ci, pénétrant le but de cette demande, dont il redouta les suites, s'y refusa sous le prétexte qu'il allait s'occuper de la célébration proposée.

Il devint alors nécessaire de tenir à la société un langage plus claire, et de lui faire entrevoir une partie des vues secrètes qu'il eût été imprudent de lui faire connaître dans leur totalité. On voulait la déterminer à se couvrir des formes religieuses, afin de jouir de la publicité et des temples garantis par la loi aux sectaires de tous les cultes.

La discussion qui s'engagea fut très-animée et se prolongea pendant plusieurs séances ; les auteurs du projet furent obligés de combattre les orateurs qui s'efforçaient d'en empêcher l'exécution, tantôt en conseillant de s'en rapporter prudemment au gouvernement, tantôt en faisant envisager toute forme religieuse comme la source d'une nouvelle superstition.

Tous les obstacles furent enfin écartés, et la société arrêta : « qu'elle emploierait les décadis à honorer en public « la Divinité par la prédication de la loi naturelle. » Une commission fut chargée de louer un temple, et de préparer le catéchisme et le règlement du nouveau culte [1].

A la même époque, le directoire exécutif redoutait la société du Panthéon, dont les discussions alarmaient les nombreux égoïstes de la capitale. Dès lors, la police fut tout occupée à épier les propos et les démarches des orateurs panthéonistes, qui, par leur conduite publique, n'avaient fourni aucun motif décent de persécution. Cependant leur perte était jurée, et l'on guettait un prétexte pour dissoudre la société qu'on appelait déjà un *antre de brigands*.

Vers le commencement de ventôse de l'an IV, les panthéonistes revenus de leur ancienne stupeur, étaient généralement dévoués au triomphe de la démocratie. Au lieu d'exciter leur zèle, il fallait en modérer l'explosion qui eût pu devenir funeste. Les émissaires que le gouvernement avait glissés dans la société, méprisés, honnis, ne pouvant plus tromper, devinrent de vils délateurs.

Le prétexte que le gouvernement cherchait lui fut offert par Darthé qui, voulant sonder l'esprit de la société, y fit lecture d'un cahier du *Tribun du Peuple*, dans lequel les personnes des directeurs et de quelques députés n'étaient pas plus ménagées que leur oppressive constitution et leurs tyranniques lois. Cette lecture fut couverte d'applaudisse-

1. Il est très-curieux de voir que dans une société où dominaient, comme nombre au moins, les partisans de Robespierre, la proposition « d'honorer en public la Divinité » et le retour au culte de l'Être suprême, soulevèrent une aussi vive opposition. Buonarroti reconnaît qu'il fallut expliquer à la société que si elle se couvrait des formes religieuses c'était dans un but politique, pour jouir de la publicité et des temples garantis par la loi à tous les cultes. Malgré cela, la résistance continua et on en trouve les traces dans le texte de l'arrêté qui fut pris : « Honorer la Divinité par la prédication de *la loi naturelle*. Ce qui implique contradiction. » — A. R.

ments; mais peu de jours après [1], la clôture du Panthéon fut ordonnée par le directoire, et exécutée par le général Buonaparte [2] en personne.

Ainsi que dans tous les gouvernements aristocratiques, il y avait dans celui de la république française un esprit également opposé à l'autorité d'un seul et à la puissance du peuple. Cependant l'ardeur avec laquelle la doctrine de la souveraineté populaire avait été récemment accueillie par la généralité de la nation, et prêchée même par quelques-uns des fondateurs de la nouvelle aristocratie, ne permettait pas à celle-ci d'en faire un crime aux démocrates, en les peignant sous leurs véritables couleurs; aussi s'efforça-t-elle

1. Le 9 ventôse de l'an IV.

2. Buonaparte qui commandait alors l'armée de l'intérieur, fut le véritable auteur de cette mesure : ayant démêlé, à l'aide de nombreux agents, les vues secrètes des panthéonistes, il en fit peur au Directoire, et obtint l'ordre de dissolution; il fut présent à l'exécution, et se fit remettre les clefs de la salle où la société tenait ses séances.

A plusieurs traits de cette nature, la nouvelle aristocratie dut reconnaître dans ce général, déjà célèbre par la prise de Toulon et par la journée du 13 vendémiaire, l'homme qui pouvait un jour lui prêter un solide appui contre le peuple; et ce fut la connaissance qu'on avait de son caractère hautain et de ses opinions aristocratiques, qui le fit appeler, au 18 brumaire de l'an VIII, au secours de ce parti, effrayé de la rapidité avec laquelle reparaissait alors l'esprit démocratique.

Ce fut aussi par une conséquence de la politique qui prévalut au 9 thermidor de l'an II, que ceux qui présidaient aux destinées de la France furent amenés à envisager la guerre d'invasion comme un puissant moyen d'absorber l'attention de la nation, de la détourner du soin de ses droits, d'évacuer progressivement l'humeur démocratique des armées, de corrompre les citoyens et de fournir un aliment à l'ambition des généraux; il est difficile d'expliquer autrement la conduite tenue en Italie et en Suisse, et surtout cette impolitique et criminelle expédition d'Égypte.

Buonaparte pouvait, par la fermeté de son caractère et par l'ascendant de ses exploits militaires, être le réparateur de la liberté française; ambitieux vulgaire, il aima mieux lui porter les derniers coups; il tint entre ses mains le bonheur de l'Europe, et il en fut le fléau par l'oppression systématique qu'il fit peser sur elle, et par celle bien plus terrible dont il prépara les éléments, et sous laquelle furent, après sa chute, engloutis, au nom même de la liberté, tant de peuples de cette partie du globe. (Buonarroti.)

de les livrer à la haine publique, en les qualifiant de royalistes déguisés qui aspiraient à ramener par un long circuit la nation à la royauté à l'aide de l'*anarchie* avec laquelle on feignait de confondre les principes démocratiques[1].

On retrouve cette fourberie politique dans tous les actes de la nouvelle autorité contre le parti populaire : l'arrêté directorial, qui ferma, avec le Panthéon, plusieurs réunions royalistes rouvertes presque aussitôt, en est une preuve à ajouter à d'autres plus décisives, dont j'aurai occasion de parler en rendant compte de la fameuse loi du 27 germinal.

Cet acte violent alarma tous les cœurs tant soi peu attachés à la liberté, et fut le signal d'une nouvelle persécution. Beaucoup de patriotes furent expulsés des fonctions publiques qu'ils remplissaient ; on rechercha les faits révolutionnaires, et on poursuivit activement les écrivains populaires.

Depuis l'ami le plus passionné de l'égalité jusqu'au patriote le plus modéré, tous furent indignés de l'atteinte portée par le Directoire exécutif et par le rapport du député Mailhe sur les sociétés populaires, au droit très-restreint de s'assembler, laissé au peuple par la constitution de l'an III. La tyrannie qui prenait par là un caractère plus menaçant et plus odieux, produisit l'effet de réunir contre elle les patriotes de toutes les nuances, et de leur faire souhaiter unanimement sa prompte destruction. Les panthéonistes dispersés par la violence, se réunirent d'abord dans les cafés tenus par des républicains, et ensuite sur les places publiques, au retour de la belle saison.

Quelques écrivains s'élevèrent avec force contre l'acte directorial ; d'autres, à l'exemple de Babeuf, saisirent cette occasion pour appeler plus que jamais le peuple au recouvrement de ses droits.

Parmi les écrits qui circulèrent alors dans Paris, on dis-

1. Accusation identique à celle qui était portée par Robespierre contre les hébertistes. — A. R.

tingua une affiche intitulée : *Soldat, arrête et lis*, par Félix Lepeletier, et un *Discours aux Français sur les réunions des citoyens*, dont Antonelle fut l'auteur inconnu.

Babeuf n'avait pas discontinué de prêcher dans son *Tribun du Peuple* la doctrine de la pure égalité, et de reprocher leur usurpation aux fondateurs du nouveau gouvernement et à ceux qui en exerçaient les pouvoirs.

Son langage austère lui avait fait des ennemis puissants, et avait indisposé contre lui les citoyens qui tenaient aux magistrats suprêmes par les faveurs qu'ils en avaient obtenues ou qu'ils en attendaient, et ceux qui, croyant d'une bonne politique de feindre de se rallier à l'autorité pour l'anéantir ensuite plus facilement, l'accusaient de divulguer inconsidérément ce qu'ils appelaient le secret des démocrates.

Leur mécontentement fut si outré, que quelques-uns d'entre eux résolurent de perdre ce courageux citoyen ; ils essayèrent de faire éclater contre lui l'indignation du parti populaire, en exagérant ses anciennes liaisons avec les instigateurs des crimes de thermidor, et en rappelant méchamment ses écrits contre quelques agents du gouvernement révolutionnaire.

Dans ces entrefaites, les amis prononcés de l'égalité, sentant que des principes politiques d'un intérêt généralement sensible étaient les seuls moyens propres à maintenir et à accroître l'énergie populaire que les aristocrates s'efforçaient d'éteindre, et apercevant les services que les talents et la hardiesse de Babeuf pouvaient rendre à la cause publique, prirent hautement sa défense et favorisèrent par là le développement de ses plans.

Au désir d'éclairer ses concitoyens, Babeuf avait ajouté depuis longtemps celui de les aider activement à recouvrer leurs droits. Dans cette vue, il s'était attaché des amis passionnés de la démocratie, et avait cherché à connaître et à diriger les efforts faits par les démocrates chez Amar, à la rue Papillon, au faubourg Denis et partout où ils se réunissaient.

Les habitations de Félix Lepeletier, de Reys et de Clérex, furent successivement les asiles où Babeuf, encouragé et aidé par Antonelle, Buonarroti, Simon Duplay, Darthé, Didier, Germain, Silvain Maréchal et Bodson, s'acquittait des devoirs qu'il s'était imposés, et mûrissait son entreprise.

III

INSTITUTION INSURRECTIONNELLE.

Ce ne fut que vers le commencement de germinal de l'an IV, que l'institution insurrectionnelle dont je vais parler reçut son existence. Il y eut avant cette époque, entre Babeuf, Félix Lepeletier et Silvain Maréchal, un concert qui n'eut d'abord d'autre objet que celui de régler les sujets et le ton de leurs ouvrages politiques : il paraît certain que Babeuf, qui tendait à ramener tous les mouvements à un centre unique, contribua par l'influence de ses amis à faire dissoudre les comités dont j'ai fait connaître les travaux, et dont on retrouve beaucoup d'idées dans les actes du nouveau corps insurrecteur.

Aux premiers jours de germinal, Babeuf, Antonelle, Silvain Maréchal et Félix Lepeletier, se constituèrent en directoire secret de salut public, et prirent la généreuse résolution de rattacher à un point unique les fils épars de la démocratie, afin de les diriger uniformément vers le rétablissement de la souveraineté du peuple.

Rallier et mettre sous sa main tous les amis de la liberté, en calculer les forces et leur imprimer une impulsion favorable à l'instruction et à la délivrance générale, sans risquer de compromettre par les trahisons ou par les indiscrétions ni la chose ni les personnes, furent les premiers soins du directoire : il y pourvut par un arrêté d'organisation, portant création d'un agent révolutionnaire principal dans chacun des douze arrondissements de Paris, et des agents intermédiaires destinés à entretenir les communications entre le directoire et ses agents révolutionnaires ; à cet acte, il ajouta une instruction dans laquelle, après avoir expliqué à ses agents les motifs et la justice de l'entreprise, il leur traçait la marche qu'ils avaient à suivre pour en assurer le succès.

Il n'y eut jamais d'autre agent intermédiaire que Didier, dont le zèle, l'activité, l'adresse et la discrétion furent constamment au-dessus de tout éloge. Quoique, d'après le règlement établi, cet agent ne dût connaître ni les membres du directoire, ni leurs opérations, la pureté de son patriotisme, sa sagesse et sa fidélité à toute épreuve, lui méritèrent leur entière confiance ; elle fut sans bornes, et il en profita pour les déterminer à s'adjoindre Darthé et Buonarroti qui obtinrent à leur tour l'admission de Debon.

Ainsi, au 10 germinal de l'an IV, il existait à Paris un directoire secret de salut public, institué pour rétablir le peuple dans l'exercice de ses droits ; il était composé d'Antonelle, Babeuf, Debon, Buonarroti, Darthé, Félix Lepeletier et Silvain Maréchal, et s'assemblait dans un appartement occupé par Clérex, chez qui Babeuf était alors réfugié.

Il n'y avait entre eux aucune opposition de sentiments au sujet de la doctrine politique discutée chez Amar ; une parfaite unanimité les unissait : tous considéraient l'égalité des travaux et des jouissances comme le seul but digne d'un vrai citoyen et ne voyaient que là un motif légitime d'insurrection.

Silvain Maréchal [1] rédigea une adresse au peuple, sous le nom de *Manifeste des égaux*, et qu'il proposa à l'acceptation de ses collègues. Voici cette pièce :

1. C'est le célèbre auteur de l'*Almanach des honnêtes gens*, pour lequel

MANIFESTE DES ÉGAUX.

Égalité de fait, dernier but de l'art social.)
(CONDORCET, *Tableau de l'esprit humain*, p. 329

« Peuple de France !

« Pendant quinze siècles tu as vécu esclave, et par conséquent malheureux. Depuis six ans tu respires à peine, dans l'attente de l'indépendance, du bonheur et de l'égalité.

« L'ÉGALITÉ ! premier vœu de la nature, premier besoin de l'homme, et principal nœud de toute association légitime! Peuple de France! tu n'as pas été plus favorisé que les autres nations qui végètent sur ce globe infortuné ! Toujours et partout la pauvre espèce humaine, livrée à des anthropophages plus ou moins adroits, servit de jouet à toutes les ambitions, de pâture à toutes les tyrannies. Toujours et partout on berça les hommes de belles paroles ; jamais et nulle part ils n'ont obtenu la chose avec le mot. De temps immémorial on nous répète avec hypocrisie, *les hommes sont égaux ;* et de temps immémorial la plus avilissante comme la plus monstrueuse inégalité pèse insolemment sur le genre humain. Depuis qu'il y a des sociétés civiles, le plus bel apanage de l'homme est sans contradiction reconnu, mais n'a pu encore se réaliser une seule fois : l'égalité ne fut autre chose qu'une belle et stérile fiction de la loi. Aujourd'hui qu'elle est réclamée d'une voix plus forte, on nous répond : Taisez-vous, misérables! l'égalité de fait n'est qu'une chimère ; contentez-vous de l'égalité conditionnelle : vous êtes tous égaux devant la loi. Canaille, que te faut-il de plus? Ce qu'il nous faut de plus ? Législateurs, gouvernants, riches, propriétaires, écoutez à votre tour.

« Nous sommes tous égaux, n'est-ce pas? Ce principe demeure incontesté, parce qu'à moins d'être atteint de folie,

il fut pendant quatre mois, en 1788, enfermé à Saint-Lazare, et du *Dictionnaire des Athées*. — A. R.

on ne saurait dire sérieusement qu'il fait nuit quand il fait jour.

« Eh bien! nous prétendons désormais vivre et mourir égaux comme nous sommes nés : nous voulons l'égalité réelle ou la mort; voilà ce qu'il nous faut.

« Et nous l'aurons, cette égalité réelle, n'importe à quel prix. Malheur à ceux que nous rencontrerons entre elle et nous! Malheur à qui ferait résistance à un vœu aussi prononcé!

« La révolution française n'est que l'avant-courière d'une autre révolution bien plus grande, bien plus solennelle, et qui sera la dernière.

« Le peuple a marché sur le corps aux rois et aux prêtres coalisés contre lui : il en sera de même aux nouveaux tyrans, aux nouveaux tartuffes politiques assis à la place des anciens.

« Ce qu'il nous faut de plus que l'égalité des droits?

« Il nous faut non pas seulement cette égalité transcrite dans la déclaration des droits de l'homme et du citoyen, nous la voulons au milieu de nous, sous le toit de nos maisons. Nous consentons à tout pour elle, *à faire table rase pour nous en tenir à elle seule.* Périssent, s'il le faut, tous les arts, pourvu qu'il nous reste l'égalité réelle!

« Législateurs et gouvernants, qui n'avez pas plus de génie que de bonne foi, propriétaires riches et sans entrailles, en vain essayez-vous de neutraliser notre sainte entreprise en disant : Ils ne font que reproduire cette loi agraire demandée plus d'une fois déjà avant eux.

« Calomniateurs, taisez-vous à votre tour, et, dans le silence de la confusion, écoutez nos prétentions dictées par la nature et basées sur la justice.

« La loi agraire ou le partage des campagnes fut le vœu instantané de quelques soldats sans principes, de quelques peuplades mues par leur instinct plutôt que par la raison. Nous tendons à quelque chose de plus sublime et de plus équitable, le BIEN COMMUN ou la COMMUNAUTÉ DES BIENS! Plus de propriété individuelle des terres, *la terre n'est à personne.* Nous réclamons, nous voulons la jouissance communale des fruits de la terre : *les fruits sont à tout le monde.*

« Nous déclarons ne pouvoir souffrir davantage que la très-grande majorité des hommes travaille et sue au service et pour le bon plaisir de l'extrême minorité.

« Assez et trop longtemps moins d'un million d'individus disposent de ce qui appartient à plus de vingt millions de leurs semblables, de leurs égaux.

« Qu'il cesse enfin, ce grand scandale que nos neveux ne voudront pas croire! Disparaissez enfin, révoltantes distinctions de riches et de pauvres, de grands et de petits, de maîtres et de valets, de *gouvernants et de gouvernés.*

« Qu'il ne soit plus d'autre différence parmi les hommes que celles de l'âge et du sexe. Puisque tous ont les mêmes besoins et les mêmes facultés, qu'il n'y ait donc plus pour eux qu'une seule éducation, une seule nourriture. Ils se contentent d'un seul soleil et d'un air pour tous : pourquoi la même portion et la même qualité d'aliments ne suffiraient-ils pas à chacun d'eux?

« Mais déjà les ennemis d'un ordre de choses le plus naturel qu'on puisse imaginer, déclament contre nous.

« Désorganisateurs et factieux, nous disent-ils, vous ne voulez que des massacres et du butin.

« Peuple de France,

« Nous ne perdrons pas notre temps à leur répondre; mais nous te dirons : La sainte entreprise que nous organisons n'a d'autre but que de mettre un terme aux dissensions civiles et à la misère publique.

« Jamais plus vaste dessein n'a été conçu et mis à exécution. De loin en loin, quelques hommes de génie, quelques sages, en ont parlé d'une voix basse et tremblante. Aucun d'eux n'a eu le courage de dire la vérité tout entière.

« Le moment des grandes mesures est arrivé. Le mal est à son comble; il couvre la face de la terre. Le chaos, sous le nom de politique, y règne depuis trop de siècles. Que tout rentre dans l'ordre et reprenne sa place. A la voix de l'égalité, que les éléments de la justice et du bonheur s'organisent. L'instant est venu de fonder la RÉPUBLIQUE DES ÉGAUX, ce grand hospice ouvert à tous les hommes. Les jours de la restitution générale sont arrivés. Familles gémissantes venez vous asseoir à la table commune dressée par la nature pour tous ses enfants.

« Peuple de France,

« La plus pure de toutes les gloires t'était donc réservée! Oui, c'est toi qui le premier dois offrir au monde ce touchant spectacle.

« D'anciennes habitudes, d'antiques préventions, voudront de nouveau faire obstacle à l'établissement de la *République des égaux*. L'organisation de l'égalité réelle, la seule qui réponde à tous les besoins, sans faire de victimes, sans coûter de sacrifices, ne plaira peut-être point d'abord à tout le monde. L'égoïste, l'ambitieux frémira de rage. Ceux qui possèdent injustement crieront à l'injustice. Les jouissances exclusives, les plaisirs solitaires, les aisances personnelles, causeront de vifs regrets à quelques individus blasés sur les peines d'autrui. Les amants du pouvoir absolu, les vils suppôts de l'autorité arbitraire, ploieront avec peine leurs chefs superbes sous le niveau de l'égalité réelle. Leur vue courte pénétrera difficilement dans le prochain avenir du bonheur commun ; mais que peuvent quelques milliers de mécontents contre une masse d'hommes tous heureux, et surpris d'avoir cherché si longtemps une félicité qu'ils avaient sous la main?

« Dès le lendemain de cette véritable révolution, ils se diront, tout étonnés : Eh quoi! le bonheur commun tenait à si peu? Nous n'avions qu'à le vouloir. Ah! pourquoi ne l'avons-nous pas voulu plus tôt? Fallait-il donc nous le faire dire tant de fois? Oui, sans doute, un seul homme sur la terre plus riche, plus puissant que ses semblables, que ses égaux, l'équilibre est rompu : le crime et le malheur sont sur la terre.

« Peuple de France,

« A quel signe dois-tu donc reconnaître désormais l'excellence d'une constitution?... Celle qui tout entière repose sur l'égalité de fait est la seule qui puisse te convenir et satisfaire à tous tes vœux.

« Les chartes aristocratiques de 1791 et de 1795 rivaient les fers au lieu de les briser. Celle de 1793 était un grand pas de fait vers l'égalité réelle, on n'en avait pas encore approché de si près; mais elle ne touchait pas encore le but et n'abordait point le bonheur commun, dont pourtant elle consacrait solennellement le grand principe.

« Peuple de France,

« Ouvre les yeux et le cœur à la plénitude de la félicité : reconnais et proclame avec nous la RÉPUBLIQUE DES ÉGAUX. »

Le directoire secret ne voulut pas qu'on donnât aucune publicité à cette pièce, parce qu'il n'approuvait ni l'expression : *Périssent, s'il le faut, tous les arts, pourvu qu'il nous reste l'égalité réelle!* ni l'autre : *Disparaissez enfin, révoltante distinction de gouvernants et de gouvernés;* mais il fit publier et répandre à grand nombre un écrit qui contenait l'extrait de ses théories, et ayant pour titre : *Analyse de la doctrine de Babeuf, proscrit par le Directoire exécutif pour avoir dit la vérité*[1].

L'égalité sans restrictions, le plus grand bonheur possible de tous, et la certitude qu'il ne leur serait jamais enlevé, étaient les biens que le directoire secret de salut public voulait assurer au peuple français; il voulait reprendre l'ouvrage brisé le 9 thermidor, et, à l'exemple des victimes de cette funeste journée, ajouter à la révolution des pouvoirs et des grandeurs, celle incomparablement plus juste, dont l'impar-

1. Voir à l'appendice.

tiale distribution des biens et des lumières eût été le résultat final.

Et, quoique le directoire secret sût que la réunion de la sagesse à l'autorité serait pour lui un garant du succès, il était trop convaincu que le pouvoir le mieux intentionné ne saurait se flatter d'une réussite complète et durable sans l'amour et le concours du peuple, pour ne pas placer en lui sa principale confiance.

Avant que la révolution française eût donné au monde le spectacle nouveau de plusieurs millions d'hommes proclamant et scellant de leur sang des vérités qui, dans les temps antérieurs, n'avaient été aperçues que de quelques sages, le dessein d'émouvoir le peuple par la seule force de ces vérités eût pu paraître chimérique : il n'en était pas ainsi à l'époque où se forma le directoire secret; alors il s'agissait moins de créer une opinion nouvelle, que de réunir en faisceau celle qui avait existé peu de temps auparavant, et que la calomnie et la proscription avaient divisée et assoupie.

La persécution avait grandement éclairci les rangs des républicains prononcés; ceux qui restaient, dispersés par la violence ou divisés par la calomnie, n'inspiraient plus la confiance, à l'aide de laquelle ils avaient conduit autrefois le peuple à la conquête de ses droits.

Dans cet état de choses, le directoire secret, qui ne voulait agir que pour et par le peuple, dut sentir qu'il lui fallait avant tout éclairer les égarés, encourager les faibles, ramener la masse à envisager les vraies causes de ses maux, tracer aux apôtres courageux de la démocratie un plan uniforme de conduite, et offrir à tous un centre unique de direction.

Loin de travailler dans l'ombre comme les conspirateurs criminels, le directoire secret n'attendait le succès de son entreprise que des progrès de la raison publique et de l'éclat de la vérité.

Ce que la société du Panthéon n'avait pu qu'ébaucher, le directoire secret entreprit de l'achever; il avait sur elle le double avantage d'être moins aperçu et de pouvoir mieux mûrir et suivre ses plans : la dissolution violente de cette soiété ne contribua pas peu à augmenter en lui, par le mécon-entement qui en fut la suite, le sentiment de ses forces.

Outre l'égalité réelle qu'il était juste et nécessaire de pré-enter au peuple comme le but véritable et légitime de la évolution, il était important d'attacher son attention à une orme d'administration propre à la conserver.

A cet égard, le directoire secret examina, avec plus de soin u'on ne l'avait fait jusqu'alors, la constitution de 1793, à la-uelle paraissaient se rallier à cette époque tous les amis sin-ères de la République ; et, comme on y discutait en même emps les institutions qui devaient fonder l'égalité, il fut plus même d'en démêler les défauts et de découvrir les supplé-nents dont elle avait besoin.

A l'instar du comité tenu chez Amar, nos conjurés oyaient le vice positif de cette constitution dans les articles le la déclaration des droits, qui concernent la propriété. Quant à la constitution elle-même, ils jugèrent qu'elle ne arantissait pas assez le peuple des usurpations du Corps lé-islatif et des erreurs dans lesquelles il pourrait être lui-nême entraîné. On verra à la fin de cet ouvrage par quels uppléments ils se proposaient de prévenir ces dangers.

Malgré ces taches, le directoire secret fut déterminé à en-retenir le respect que les républicains avaient voué à cette onstitution, par deux motifs suprêmes, dont l'un était *la anction presque unanime qu'elle avait reçue de la nation ;* 'autre, *le droit du peuple, par elle-même consacré, de délibé-er sur les lois.* C'était surtout dans cette dernière disposi-ion qu'il voyait le caractère distinctif de la constitution de 1793, dont presque toutes les autres parties nè lui paraissaient que des articles règlementaires.

On convint donc de prendre cette constitution pour point le ralliement, et d'en présenter l'établissement comme le moyen d'atteindre cette douce égalité, dont on ne cesserait en même temps de démontrer la justice, de demander la pra-tique et de développer les lois fondamentales.

Ce n'était pas à l'aide d'une poignée de factieux ameutés par l'appât du gain ou par un fanatisme insensé, que le directoire secret prétendait renverser le gouvernement usurpa teur : il ne voulait employer d'autre mobile que la force d la vérité.

L'exposition franche et entière des droits du peuple et d crimes de ses oppresseurs, était le seul moyen par lequ il entendait soulever contre la tyrannie la masse des Pari siens; au moment où l'indignation eût été forte et général il aurait levé l'étendard et donné le signal de l'insurrectio

Aussi son premier soin fut-il de travailler à convaincre à entraîner : il n'épargna ni les discours, ni les écrits; e pour les faire circuler avec fruit, il institua dans Paris u grand nombre de petites réunions inconnues les unes au autres, mais toutes dirigées par des démocrates, qui rece vaient eux-mêmes l'impulsion des douze agents révolution naires.

Il est bon de dire, dans l'instruction donnée à ces agent les précautions par lesquelles le directoire de salut publ s'empressa de mettre les démocrates à l'abri de l'imprudenc et de la perfidie.

Dès le commencement, les agents révolutionnaires furen destinés à devenir les leviers par l'action desquels le peupl de Paris devait s'élancer sur ses tyrans; en attendant, il formèrent les réunions, dirigèrent les discussions populaire répandirent les écrits, et rendirent compte au directoire secr des progrès de l'opinion, des intrigues de l'aristocratie, d nombre, de la capacité et de l'énergie des démocrates.

On ne doit pas s'étonner de ce que les mesures de nos con jurés regardaient principalement Paris : c'était au cœur qu' fallait frapper l'aristocratie; et l'immense population de cett commune eût facilement imprimé son mouvement aux élé ments démocratiques répandus dans toute la République.

Le choix des agents révolutionnaires était une opératio majeure; de si importantes fonctions ne pouvaient être con fiées qu'à des hommes qui, à un amour constant de l'égalité à une prudence éprouvée et à la confiance du peuple, réunis saient une grande activité et quelques lumières; ils furen nommés par le directoire secret, à la majorité des voix et aprè un mûr examen des motifs allégués en faveur de chacun d'eux par ceux qui les proposaient.

La présence de forces nombreuses et dévouées à la tyrannie, comparées à l'état de désarmement auquel l'autorité, sous prétexte d'enlever les armes, tantôt aux royalistes, tantôt aux terroristes, avait réduit le peuple, devait décourager la multitude et lui faire redouter le moindre choc.

Au nombre des obstacles qui pouvaient s'opposer au succès de son entreprise, le directoire secret rangeait la résistance des troupes, et même l'idée seule que le peuple pourrait s'en former. Aussi songea-t-il de bonne heure à la rendre nulle, en réveillant dans le cœur des soldats l'amour de la démocratie, en leur rappelant les grands intérêts pour lesquels ils avaient versé leur sang, et en les arrachant insensiblement à l'obéissance servile envers leurs chefs, de laquelle les tyrans leur faisaient un devoir impérieux. C'était encore par l'ascendant de la vérité, que les conjurés voulaient allumer dans l'armée la haine du gouvernement aristocratique, afin de joindre par un élan unanime ses forces à celles du peuple.

A cet effet, le directoire secret ajouta successivement aux agents d'arrondissement des agents militaires, chargés des mêmes fonctions auprès des bataillons stationnés à Paris et aux environs : il accorda sa confiance

A Fion, pour les Invalides;

A Germain[1], pour la Légion de Police;

A Massey, pour les détachements cantonnés à Franciade;

A Vannek, pour les troupes en général;

A Georges Grisel, pour le camp de Grenelle.

Le rôle que ce Grisel a joué dans le dénoûment de la

1. Félix Germain, né à Narbonne, avait dix-huit ans en 1789. Il s'engagea et devint capitaine de hussards. Révolutionnaire ardent, il fut arrêté après le 9 thermidor et c'est en prison qu'il connut Babeuf. Il est mort du choléra à Paris, en 1831. Devenu, par un mariage, extrêmement riche, il n'avait abandonné aucune des idées de sa jeunesse et était resté l'ami intime de Buonarroti, à qui il offrit à diverses reprises un asile. — A. R.

conspiration, exige que nous fassions connaître, dans toute leur étendue, les circonstances et les motifs qui lui donnèrent accès auprès des principaux défenseurs de l'égalité.

Outre les agents civils et militaires dont nous avons parlé, le directoire secret avait institué des surveillants qui en examinaient la conduite, en rectifiaient la marche, et imprimaient à leur action une nouvelle vigueur. Darthé et Germain furent chargés de ce soin important. L'un et l'autre rendirent alors à la cause de l'égalité les services les plus signalés : c'était par eux que le directoire connaissait plus particulièrement ce qui se passait dans les rassemblements; et c'étaient eux qu'il chargeait des commissions les plus difficiles, dont ils s'acquittaient avec l'exactitude et avec le courage qui décèlent une profonde conviction et un entier dévouement.

Darthé, infatigable et intrépide, habile à faire passer dans l'âme de ceux qui l'écoutaient la chaleur de la sienne, à réprimer les élans trop précipités, et à concilier les nuances d'opinion, s'attachait à encourager et réunir les amis de l'égalité, et à découvrir ceux qui pouvaient le mieux en servir la cause. Ce fut dans ces vues qu'il fréquenta le café des Bains Chinois où se rendaient journellement plusieurs démocrates, et qu'il s'y lia avec Georges Grisel, d'Abbeville, alors capitaine à la suite dans le troisième bataillon de la trente-huitième demi-brigade de ligne, campée à la plaine de Grenelle, près de Paris.

Grisel, qui paraît, comme tant d'autres, n'avoir vu dans la révolution qu'une occasion d'élévation personnelle, recherchait les patriotes; il parvint, en imitant leur langage, à passer auprès d'eux pour un ardent révolutionnaire, et dès lors il n'eut pas de peine à captiver la bienveillance de quelques démocrates qui le présentèrent à Darthé comme un homme précieux à leur parti. Les éloges imprudents que prodiguèrent à Grisel ses introducteurs, ses discours et l'empressement avec lequel il se chargea de répandre parmi les troupes les écrits du directoire secret et rédigea lui-même une brochure insurrectionnelle, tendant à provoquer l'insubordination dans l'armée, persuadèrent le trop confiant Darthé de la pureté de ses intentions, et le déterminèrent à le proposer au directoire qui avait besoin d'un agent militaire auprès du camp de Grenelle. Il fut nommé, et les instructions relatives à sa mission lui furent délivrées par Darthé le 26 germinal.

Dès que les agences qu'on avait instituées furent suffisamment organisées, le directoire secret s'occupa sans relâche de répandre les écrits qu'il destinait à détromper le peuple. Il s'agissait de lui prouver que sa souveraineté avait été usurpée par l'autorité existante; que la constitution de 1793 était la seule légitime; que le bonheur de tous ne pouvait résulter que de la véritable égalité; et que les maux qu'il attribuait à la révolution, venaient uniquement de ce qu'elle n'avait pas atteint son but.

Toutes les plumes démocratiques furent mises à contribution : Babeuf développait dans son *Tribun du Peuple* l'esprit de l'institution insurrectionnelle, et Simon Duplay propageait les mêmes doctrines parmi les classes les plus laborieuses, au moyen d'une petite feuille intitulée, l'*Éclaireur*. Les républicains qui dirigeaient le *Journal des Hommes libres*, rendirent aussi à la démocratie d'importants services, par les discussions qu'ils osèrent établir sur la forme du gouvernement et sur le grand système de l'égalité, duquel ils firent éclater la justice en provoquant de victorieuses réponses aux objections qu'ils mettaient en avant.

Un des premiers soins du directoire secret fut de signaler au peuple, d'une manière positive, les points auxquels il devait se rallier; il le fit au moyen de l'*Analyse de la doctrine de Babeuf*, qui fut distribuée et affichée le 20 germinal, avec une très-grande profusion; et quoique le gouvernement s'efforçât de dérober cet écrit à la connaissance du public, il frappa tellement toutes les têtes, que les aristocrates le transcrivirent dans leurs journaux, comme un chef-d'œuvre d'extravagance et d'audace, et les patriotes en firent le sujet de leurs entretiens et de leurs espérances.

Le 23 germinal parut l'*Opinion sur nos deux constitutions*;

le 24 on publia la *Lettre de Franc-Libre à son ami la Terreur* (rédigée par Grisel); le 25 fut mis en circulation l'écrit intitulé : *Doit-on obéissance à la constitution* de 1795? le 27 on distribua l'*Adresse du Tribun à l'Armée;* le 29 fut répandue la *Lettre en réponse à M. V.*, et le 1er floréal fut livré au public *Le Cri du peuple français contre ses oppresseurs.*

Aux efforts du directoire secret prêtaient un prodigieux secours la persécution qui pesait encore sur la masse des patriotes, et la détresse toujours croissante qu'éprouvait la partie laborieuse de la nation ; c'était le moment où le discrédit progressif des assignats, faisant resserrer les denrées, réduisait les ouvriers à se priver du nécessaire ou à aliéner les meubles et les habillements les plus indispensables.

Ce malaise, joint aux écrits par lesquels le directoire secret en montrait la cause et le remède radical, produisit une fermentation si vive et si générale que bientôt le mécontentement propagé par les réunions secrètes éclata publiquement et causa les nombreux rassemblements que l'on vit, vers la moitié de germinal de l'an IV, dans les rues, sur les places et sur les ponts de Paris.

Alors les usurpateurs de la souveraineté populaire apprirent avec certitude que leurs ennemis se réunissaient en force et que le peuple, en invoquant l'égalité et la constitution démocratique, donnait des regrets aux victimes immolées à la corruption et à l'aristocratie, en thermidor de l'an II, et en prairial de l'an III.

Ce qui se passait à Paris, les opinions, les discours et les discussions du peuple et des soldats, tout était journellement transmis au directoire secret par les rapports de ses agents et par les communications verbales des surveillants admis dans son sein; il en était aussi instruit par plusieurs démocrates qui s'étaient adroitement introduits dans la police du gouvernement.

Bientôt le directoire secret s'aperçut que l'effet de ses inspirations avait surpassé son attente et sentit qu'il était urgent de rassembler tous les moyens par lesquels il comptait seconder, diriger et rendre utile l'ébranlement populaire dont on voyait les avant-coureurs.

Les conjurés s'assemblaient presque tous les soirs dans l'asile de Babeuf, auprès de qui restèrent constamment déposés les principaux papiers et le cachet de la conspiration; ce cachet, auquel les agents révolutionnaires reconnaissaient les ordres du directoire, portait les mots *salut public* autour d'un niveau.

Pendant les séances on examinait :

Les rapports des agents et les projets de réponse;

Les écrits à imprimer;

Les propositions sur la forme de l'insurrection;

Les dispositions législatives qui devaient la suivre;

Les institutions et l'organisation de la République.

Toutes les décisions que le directoire secret rendait à la pluralité des voix, étaient couchées sur un registre et servaient de base à la correspondance et aux travaux préparatoires qui étaient répartis entre les conjurés. Rien n'était signé. Babeuf que la proscription forçait à la retraite, fut presque le seul rédacteur des lettres et des instructions, dont les expéditions nécessaires étaient faites par un secrétaire et portées par Didier aux agents révolutionnaires.

Après avoir arrêté qu'on devait diriger l'action du peuple contre le gouvernement existant, et vers l'établissement de la constitution de 1793, le directoire secret eut à résoudre une question que les circonstances rendaient très-épineuse; il s'agissait de déterminer par quelle forme d'autorité on remplacerait subitement celle dont on méditait la destruction.

On était convaincu qu'il n'était ni possible ni sans dangers d'appeler à l'instant les assemblées primaires à nommer un corps législatif et un gouvernement conformément à la constitution de 1793. D'abord il était évident qu'un intervalle de temps quelconque devait s'écouler entre l'insurrection et l'installation de la nouvelle autorité constitutionnelle, et il n'était pas moins sensible qu'il eût été de la dernière imprudence de laisser un moment la nation sans directeur et sans guide. D'autres considérations faisaient penser au directoire secret que cet intervalle de temps devait être plus long que celui qu'exigeaient strictement les élections et l'arrivée des nouveaux députés : elles méritent d'être développées.

Changer la forme de l'administration publique n'était pas le seul but que se proposaient nos conjurés; ils voulaient, et c'était là la partie la plus importante de leurs desseins, procurer à la France des lois bonnes et durables. Et, quoique le directoire secret n'ignorât pas que le mode d'après lequel la loi est émise et exécutée, peut exercer quelque influence sur les institutions à établir, l'histoire et l'expérience de la révolution française lui avaient appris que l'effet certain de l'inégalité est de diviser la cité, de créer des intérêts opposés, de fomenter des passions ennemies et de soumettre la multitude qu'elle rend ignorante, crédule et victime d'un travail excessif, à un petit nombre d'hommes instruits et adroits, qui, abusant de la préférence qu'ils ont su obtenir, ne s'appliquent qu'à conserver et à renforcer, dans la distribution des biens et des avantages, l'ordre qui leur est exclusivement favorable : il concluait de là qu'un peuple, si étrangement écarté de l'ordre naturel, n'était guère capable de faire d'utiles choix, et avait besoin d'un moyen extraordinaire qui pût le replacer dans un état où il lui serait possible d'exercer effectivement et non fictivement la plénitude de la souveraineté.

De cette manière de penser naquit le projet de remplacer le gouvernement existant par une autorité révolutionnaire et provisoire, constituée de manière à soustraire à jamais le peuple à l'influence des ennemis naturels de l'égalité, et à lui rendre l'unité de volonté nécessaire pour l'adoption des institutions républicaines.

Quelle sera cette autorité? était la question délicate qui fut scrupuleusement examinée par le directoire secret. Les trois propositions qui avaient été agitées chez Amar furent produites : la première rappelait une partie de la Convention nationale ; la seconde créait la dictature ; la troisième établissait un corps nouveau, chargé de terminer heureusement la révolution.

Amar proposait dans le premier comité de rappeler la Convention nationale : ce corps, disait-il, qui ne pouvait être remplacé que par une autorité voulue par le peuple, l'ayant été en vertu d'une constitution et de lois contraires à sa volonté souveraine, est encore la seule autorité légitime. D'un autre côté, poursuivait Amar, la légitimité des décrets dépendait de la liberté des députés, garantie par les formes établies pour la poursuite de ceux d'entre eux contre lesquels s'élèveraient des accusations graves : or, des membres de la Convention furent arrêtés, déportés ou dépouillés de leurs droits politiques sans procès ni jugement, en germinal et prairial de l'an III ; donc les actes de la Convention postérieurs à ces violences sont nuls, la rédaction de la constitution de l'an III doit être considérée comme non avenue, et les véritables mandataires du peuple sont encore ceux qui n'ont pas participé à ces abus de pouvoir ou qui en ont été les victimes.

Conséquemment à ce raisonnement, Amar proposait de rappeler à l'exercice du pouvoir dirigeant, les membres de la Convention nationale qui furent par elle déclarés inéligibles, et ceux qui, ayant été exclus du Corps législatif, n'avaient pas participé à l'usurpation.

Cependant on reprochait à un grand nombre de ces conventionnels la part qu'ils avaient prise au crime du 9 thermidor ; la proscription des démocrates sous les noms d'anarchistes, exclusifs, terroristes, etc. ; la clôture des sociétés populaires ; la rentrée dans la Convention des soixante-treize girondins, et la mise en liberté de tous les aristocrates ; la faiblesse avec laquelle ils avaient laissé égorger plusieurs de leurs collègues ; le silence par eux gardé sur la proposition de changer la constitution ; un grand amour du pouvoir ; les richesses acquises par quelques-uns, et en général une extrême pusillanimité dans la défense des droits du peuple[1].

1. Quoique le Directoire secret se crût fondé à refuser sa confiance à

Ceux qui étaient pénétrés de la nécessité de ne confier le sort de la patrie qu'aux plus sages et aux plus courageux, pouvaient-ils se décider à rappeler au pouvoir suprême ceux qui avaient mérité en l'exerçant d'aussi graves reproches?

Le directoire secret jugea que des raisons d'un aussi grand poids devaient l'emporter sur l'avantage assez douteux qu'on se promettait d'une apparente légitimité, à l'aide de laquelle on espérait adoucir les ressentiments et vaincre les résistances.

Il pensa, au contraire, que, comptant uniquement pour la réussite de ses projets, sur l'influence des démocrates de toute la république, qui, dans toutes les hypothèses, eussent secondé l'impulsion donnée par ceux de Paris, il était prudent de mettre de côté les subtilités, et de donner la préférence à la voie qui offrait le plus de sûreté contre les erreurs et les faiblesses des hommes revêtus du pouvoir.

Le rappel de la Convention ainsi écarté, le directoire secret s'arrêta à l'idée de faire nommer par les insurgents de Paris l'autorité provisoire à laquelle il fallait nécessairement confier le gouvernement de la nation. En effet, dans l'impossibilité physique de recueillir sur-le-champ les suffrages de tous les Français, c'était là le seul moyen de rendre à la souveraineté du peuple tout l'hommage compatible avec les circonstances. A cet avantage se joignait celui d'une plus grande probabilité de bons choix de la part d'hommes dont le dévouement aux principes de la nouvelle révolution eût été attesté par le courage avec lequel ils allaient en prendre la défense.

On prévoyait que les rusés ennemis de l'égalité tenteraient de soulever les habitants des départements contre ce qu'ils n'auraient pas manqué d'appeler *l'empiètement des brigands de Paris sur les droits du souverain*. Le directoire secret ne voulant rien faire que de juste, examina cette objection ; voici comment il la réfuta :

beaucoup de ces conventionnels, il ne payait pas moins à plusieurs d'entre eux un tribut bien mérité d'estime et de respect. (Buonarroti.)

« Quand il y a tyrannie, tout citoyen a le droit et est dans « l'obligation de travailler à la détruire. Cependant il est « impossible que tous les citoyens d'une vaste république se « rendent, à cet effet, auprès de l'autorité qu'il faut renver- « ser : c'est donc à ceux qui l'approchent à prendre les ar- « mes les premiers ; et, comme il est important qu'une auto- « rité nouvelle succède immédiatement à l'ancienne, c'est « aux insurgents à y pourvoir.

« D'ailleurs, le droit d'abattre le pouvoir tyrannique étant « par la nature des choses délégué à la section du peuple « qui l'avoisine, c'est à elle qu'est aussi délégué le droit que « nulle autre ne saurait exercer, de le remplacer d'une ma- « nière provisoire et conforme, autant que faire se peut, aux « principes de la souveraineté nationale. »

Après cela, il s'agissait de savoir quelle serait la forme provisoire à proposer au peuple parisien en insurrection. Sur ce point il y eut diversité d'avis : quelques membres du directoire secret opinaient pour la magistrature d'un seul; les autres préféraient un corps nouveau, composé d'un petit nombre de démocrates éprouvés. Ce dernier avis prévalut.

Debon et Darthé qui proposaient la dictature, attachaient à ce mot l'idée d'une autorité extraordinaire, confiée à un seul homme, chargé de la double fonction de *proposer au peuple une législation simple et propre à lui assurer l'égalité et l'exercice réel de la souveraineté* et de *dicter provisoirement les mesures préparatoires tendant à disposer la nation à la recevoir*. Selon eux, une tâche si importante et si hardie, ne pouvant être bien remplie qu'à l'aide d'une parfaite unité de pensée et d'action, devait être conçue et exécutée par une seule tête. A l'appui de leur opinion, ils invoquaient l'exemple des peuples anciens, et rappelaient les suites funestes de la pluralité, desquelles ils voyaient des preuves récentes dans les divisions du Comité de salut public.

Il leur semblait que les dangers de l'abus qu'on pourrait faire d'une semblable magistrature, pouvaient être facilement évités par la vertu bien connue du citoyen qui en serait revêtu, par l'exposition claire et légale du but qu'elle devait atteindre, et par les limites posées d'avance à sa durée.

Dans ce système, la tâche du directoire secret se réduisait à tracer en peu d'articles l'objet de la réforme, à fixer un terme à la nouvelle magistrature, à découvrir le citoyen le plus vertueux de la république, et à faire adopter son plan par les Parisiens insurgés.

Cependant le directoire secret en jugea autrement : ce n'est pas qu'il méconnût la vérité des motifs allégués en faveur de la dictature ; mais la difficulté du choix, la crainte de l'abus, la ressemblance apparente de cette magistrature avec la royauté, et, par-dessus tout, le préjugé général qu'il semblait impossible de vaincre, firent préférer un corps peu nombreux, auquel on eût confié les mêmes pouvoirs, sans avoir tant d'obstacles à surmonter.

Le résultat de cette grave délibération fut qu'après la destruction de la tyrannie, le peuple de Paris serait engagé à créer une assemblée nationale, revêtue de l'autorité suprême et composée d'un démocrate par département, qu'en attendant, le directoire secret ferait des recherches scrupuleuses sur les démocrates à proposer; et que, la révolution faite, il ne cesserait pas ses travaux et veillerait sur la conduite de la nouvelle assemblée.

Pendant que les conjurés réglaient ainsi ces points majeurs, ils suivaient attentivement les moindres dispositions du peuple; ils ne négligeaient rien pour s'assurer la victoire au jour de l'insurrection, qui eût pu être celui du combat. A la vérité, on était autorisé à penser que l'armée s'abandonnerait à l'impulsion populaire ; mais il eût été de la dernière imprudence de ne pas mettre en ligne de compte l'influence que des officiers, mauvais citoyens, auraient pu exercer sur des soldats peu instruits et habitués à l'obéissance.

Tout en redoublant d'efforts pour attirer à la cause du peuple les soldats du gouvernement, le directoire secret cherchait à rendre les démocrates plus forts qu'eux, dans le cas où il fallût en venir aux mains. Son dessein était de créer subitement une armée populaire, et, à cet effet, il recueillit des renseignements sur le nombre, la valeur et la capacité des démocrates, sur les forces de leurs ennemis et sur les lieux où le peuple eût pu se pourvoir d'armes et de munitions; il préparait dans Paris des logements aux républicains qu'il appelait de toutes les parties de la France à renforcer les amis de la liberté, et marquait soigneusement les dépôts de subsistances, afin qu'au grand jour de la rédemption la faim ne contraignît pas le peuple à abandonner, comme en prairial de l'an III, le champ de bataille.

Parmi les patriotes des départements, les Lyonnais avaient fixé plus particulièrement l'attention du directoire secret. Il y en avait à Paris qui avaient mérité la confiance de Robespierre; et ceux qui demeuraient à Lyon, y avaient déployé un tel caractère, qu'on était en droit d'en attendre les plus grands services. Ce fut à Bertrand, ancien maire de cette ville, que le directoire confia le soin de les réunir et de les diriger dans le sens de l'institution insurrectionnelle.

Au 20 germinal de l'an IV, il se manifesta dans le peuple de Paris une violente agitation, que les factions criminelles travaillaient à mettre à profit concurremment avec les démocrates.

Deux factions principales existaient dès lors dans le gouvernement. Les hommes qui, sous les bannières de l'égalité, s'étaient adroitement emparés des richesses et du pouvoir, et que j'ai nommés *faux amis de l'égalité* ou *égoïstes conquérants*, formaient celle qui reconnaissait pour chefs Barras, Tallien, Legendre, Fréron, Merlin de Thionville, Rewbell, etc., etc. L'autre se composait des amis de l'ancien ordre d'inégalité, que j'ai compris sous la dénomination d'*égoïstes conservateurs* ou *vieux aristocrates;* elle ralliait les débris de la Gironde, les auteurs de la nouvelle constitution et même les royalistes qui se promettaient quelque avantage du cours que cette faction imprimait à l'opinion, et généralement de tout ce qui tendait à proscrire l'égalité; on comptait dans ses rangs Boissy-d'Anglas, Larivière, Thibaudeau[1], Dumolard, Camille Jordan, Lareveillière-Lépeaux, Lanjuinais, Portalis, Pastoret, Siméon, etc.

La première de ces factions ne voulait de la constitution, qu'autant qu'elle la maintiendrait en possession de la prééminence ; la seconde attendait de son exécution scrupuleuse de nouveaux succès. Celle-là, moins nombreuse, mais plus entreprenante et plus hardie, méditait des actes de violence contre celle-ci, qu'elle accusait de viser au rétablissement de la monarchie, et qui de son côté, plus forte en nombre, mais plus hypocrite et plus lâche, se poposait d'accabler ses adversaires par les armes constitutionnelles. Une aristocratie, quelle qu'elle soit, repousse à la fois l'égalité et toute aristocratie dont elle redoute la concurrence ; tout prétexte lui est bon pour écarter ses rivaux. Or, rien ne nuisant autant dans l'opinion du vulgaire aux hommes publics, que le déréglement et la rapacité, les vieux aristocrates s'efforçaient d'exciter par des reproches de cette nature, contre les amis vrais ou faux de l'égalité, l'indignation du peuple que ces derniers n'avaient que trop méritée.

Aux attaques de ce genre, les égoïstes conquérants opposaient la masse des hommes qui avaient pris à la révolution une part quelconque. Ils avaient l'adresse de présenter indistinctement tous les censeurs de leurs crimes, comme autant d'ennemis de la République ; ils effrayaient les républicains de toutes les couleurs, par la crainte d'un prochain retour à la royauté ; ils prétendaieut qu'on oubliât les droits du peuple pour ne songer qu'aux complots des royalistes dont ils disaient qu'eux seuls pouvaient réprimer l'audace ; ils mettaient enfin tout en œuvre pour se faire le centre du mouvement populaire dont ils ne se dissimulaient pas l'approche.

Dans le système de cette faction, l'insurrection dont ils comptaient s'emparer, ne devait avoir d'autre objet que celui d'arracher du corps législatif et du gouvernement les hommes qui leur déplaisaient, tels que Boissy d'Anglas, Isnard, Cadroy Rovère, Larivière, etc.

A cette fin, on fit retentir les enceintes des conseils législatifs de violentes déclamations contre les massacres récemment arrivés dans le midi de la France, dont on accusait quelques-uns de ceux-ci d'avoir été les instigateurs, et dont cependant leurs ennemis actuels avaient été longtemps les provocateurs.

D'hypocrites apostats se répandaient dans les lieux publics pour exagérer le nombre et les tentatives des conspirateurs royalistes, détourner l'attention du peuple des crimes des faux amis de l'égalité, et les remettre en possession de sa confiance.

Ainsi les républicains peu clairvoyants étaient placés entre les séductions des révolutionnaires parjures et les conseils des vrais démocrates.

De cette double impulsion naissaient de dangereux obstacles aux travaux du directoire qui sentit bientôt la nécessité de les faire cesser.

Ce fut encore dans la vérité qu'il chercha le remède ; il dévoila le piége, et le piége fut déjoué. Un numéro du *Tribun du Peuple*, consacré à mettre au grand jour les crimes des transfuges du parti populaire, déconcerta leurs émissaires, et l'on peut dire avec vérité que parmi les hommes qui avaient pris de bonne foi une part quelconque à la révolution, il ne leur resta aucun partisan; et il n'y eut plus qu'un vœu pour la prompte destruction de la tyrannie établie par la constitution de l'an III.

En même temps, le directoire apprenait que Ricord, Laignelot, Choudieu, Amar, Huguet et Javogues[1], tous conventionnels montagnards, proscrits aux mois de germinal et prairial de l'an III, se concertaient pour se mettre à la tête de l'insurrection qu'ils prévoyaient, afin de rétablir la Convention nationale et successivement la constitution de 1793. Ces tentatives, auxquelles on associait sans fondement Barrère et Vadier, parurent si importantes au directoire qu'il crut nécessaire d'en faire l'objet d'une sérieuse discussion.

Faut-il céder la place aux Montagnards proscrits? Faut-il tâcher de se joindre à eux? Faut-il s'opposer à leurs tentatives? Telles furent les questions agitées à ce sujet dans le sein du directoire secret.

1. Huguet et Javogues furent assassinés par la commission militaire du Temple, à la suite du massacre du camp de Grenelle.

Aux motifs qui avaient fait rejeter le rappel de la Convention, se joignit, pour repousser le comité montagnard, la connaissance qu'on avait des opinions peu démocratiques de quelques-uns de ses membres et de l'extrême faiblesse de quelques autres. Mais, comme on reconnaissait les services qu'ils avaient autrefois rendus à la République, on se borna à recommander aux agents révolutionnaires d'engager le peuple à se méfier des démarches qui pourraient être faites à l'instigation de ces Montagnards; on enjoignit en même temps de veiller à leur sûreté et de les prévenir des mesures que le gouvernement prenait contre eux, et dont le directoire secret était journellement averti par quelques agents principaux du ministère de la police.

A la vue du danger dont elles étaient également menacées, les factions existantes dans les premières autorités de la République ne tardèrent pas à réunir leurs efforts contre la démocratie.

La rapidité avec laquelle se propageaient de nouveau les principes démocratiques, la hardiesse des écrits qui provoquaient une nouvelle et salutaire révolution, ces nombreux rassemblements où les crimes des usurpateurs étaient proclamés, et où la constitution de 1793 était hautement demandée, ce concert de vœux unanimes décelant un vaste plan dont il était difficile de saisir les mains directrices, l'impatience de la multitude et l'audace des conspirateurs semèrent l'épouvante dans les rangs des ennemis de l'égalité, qui sentirent la nécessité de suspendre leurs querelles et de diriger toutes leurs forces contre les incorrigibles apôtres des doctrines populaires.

Sur ces entrefaites, un message du directoire exécutif vint donner l'éveil à tous les ennemis de la république; les démocrates y étaient horriblement calomniés, et on invoquait contre eux des décrets de proscription et de mort.

A cette occasion, l'hypocrisie avec laquelle on avait cru justifier la clôture violente de la société du Panthéon lança plus méchamment encore ses traits empoisonnés. Le gouvernement voulant rendre les démocrates universellement odieux, les accusait de chercher à plonger l'État dans une affreuse anarchie, dans le double dessein de rétablir par là le despotisme royal et de s'enrichir en attendant par le brigandage.

C'était par de semblables imputations que la Convention post-thermidorienne était parvenue à imposer à la France le joug de la nouvelle aristocratie. Cependant y avait-il du bon sens à accuser de vénalité des hommes qui étaient sortis pauvres d'une révolution et des places qui leur avaient offert tant d'occasions de s'enrichir ? Appartenait-il à ceux qui, après le 9 thermidor, avaient exercé tant de violences, de signaler comme des anarchistes ceux qui, au bout du compte, ne demandaient que l'exécution de la loi que le peuple avait sanctionnée? La véritable, la seule anarchie, disaient les démocrates, est dans les prétendues lois qui, violant les droits naturels des hommes, condamnent les nations ou à des troubles toujours renaissants ou à une mortelle léthargie. Leur constante conduite et les vœux qu'ils ne cessaient de former pour l'établissement d'une vraie république, répondaient suffisamment au reproche de royalisme déguisé auquel personne n'ajoutait foi. Les royalistes applaudissaient à cette fourberie qui les débarrassait de leurs plus redoutables ennemis, et leur faisait même concevoir la vaine espérance de s'en faire des auxiliaires.

De si solides raisons ne confondirent pas l'effronterie du directoire exécutif; élevé sur la violation des droits du peuple, il ne songeait qu'à les anéantir, et cette odieuse détermination éteignait en lui tout sentiment de pudeur. Il crut qu'en persévérant dans la calomnie, il parviendrait à étouffer la vérité, et se flatta de rallier à lui toutes les classes des citoyens, par les couleurs effrayantes sous lesquelles il ne cessait de peindre ses ennemis.

Cependant ce perfide message renfermait une vérité qui faisait pâlir les méchants; il attestait l'existence d'une association courageuse qui se proposait de renverser la nouvelle tyrannie constitutionnelle.

Telle était alors la corruption et la lâcheté des députés

qu'il n'y en eut pas un seul qui osât prendre ouvertement la défense des droits du peuple ; à l'exception de douze, tous les membres du conseil des Cinq-Cents s'empressèrent d'accepter les funestes lois des 27 et 28 germinal de l'an IV, auxquelles leurs dignes collègues de l'autre conseil donnèrent le même jour une sanction unanime.

Ces actes, indignes de porter le nom de lois, furent un attentat contre la liberté publique. Par eux, toute réunion paisible de citoyens peut être dissoute comme un attroupement séditieux ; par eux, toute discussion sur les avantages ou les inconvénients des différents gouvernements peut être punie de mort ; par eux, toute amélioration dans la Constitution de l'État est presque rendue impossible ; par eux enfin, on arrachait aux Français, déjà dépouillés des droits de délibérer sur les lois et de se réunir en sociétés politiques, celui d'émettre librement leur pensée sur les affaires nationales.

Dès lors les agents subalternes de la tyrannie redoublèrent d'audace contre les orateurs, les écrivains et les colporteurs du parti démocratique ; les moindres observations, les plus légers murmures, transformés en provocations séditieuses, fournissaient à tout moment des prétextes pour emprisonner les meilleurs citoyens, et l'appareil militaire fut déployé contre les hommes paisibles qui allaient dans les lieux publics chercher, dans les épanchements de l'amitié, quelques consolations à la douleur que les maux de la patrie leur faisaient éprouver.

Une sainte colère s'empara de tous les amis sincères de la liberté et leur fit prendre la résolution de résister à l'oppression : ils disaient tout haut que le moment était venu de tenir le serment de *vivre libres ou mourir*.

Mais le directoire de salut public, qui s'était placé au point d'où il pouvait mesurer les forces de son parti et celles de ses ennemis, jugea qu'il n'était pas encore temps de livrer le combat. Craignant un de ces événements mal combinés qui avaient tant contribué à établir l'empire aristocratique, et regardant son entreprise comme le dernier effort dont le mauvais succès eût perdu tout à fait la démocratie, il ne pouvait se résoudre à donner le signal de l'attaque avant d'avoir coordonné prudemment tous les éléments insurrectionnels qui lui paraissaient indispensables pour obtenir la victoire.

Quoique les noms des directeurs secrets fussent couverts d'un voile salutaire, leur association et leurs travaux étaient connus de tous les démocrates; cette connaissance, en soutenant leur espoir, les rendait dociles aux avis qui leur étaient adressés par la voie des agents révolutionnaires ou par celle du *Tribun du Peuple* et de l'*Eclaireur*.

A l'aide de cette confiance, le directoire secret put arrêter l'explosion prématurée, provoquée par les lois des 27 et 28 germinal, que les plus modérés comparaient à l'ancienne loi martiale. Mais tandis qu'il contenait d'une main un débordement dangereux, il se hâtait de rassembler de l'autre tous les fils qui devaient le conduire à un dénoûment prompt et à un triomphe certain. La lenteur qui eût encouragé ses ennemis, divisé et refroidi ses amis, ne lui paraissait pas moins dangereuse qu'une imprudente précipitation. Décidé à sauver promptement la liberté ou à périr avec elle, il pressait les opérations des agents révolutionnaires, redoublait de zèle pour s'attacher l'armée dont il n'était pas encore sûr, et s'occupait assidûment à régler les formes de l'insurrection et la législation qui devait la suivre.

Le premier objet qui se présentait naturellement à la discussion, était la manière d'opérer la dissolution des autorités illégitimes, et de mettre leurs membres dans l'impossibilité de rien entreprendre contre l'égalité. Le dessein unanime du directoire secret était d'atteindre ce double but par un grand exemple de justice, capable d'effrayer les traîtres et d'en imposer à ceux que le peuple honorerait à l'avenir de sa confiance.

Une trahison révoltante et une usurpation manifeste étaient les crimes dont les membres des deux conseils et ceux du Directoire exécutif s'étaient rendus évidemment coupables. Couverts du sang des meilleurs citoyens, ils avaient dépouillé le peuple de sa souveraineté, et avaient sacrifié la majorité de la nation aux prétentions d'une poignée de riches insatiables et ambitieux. Une punition éclatante était nécessaire, mais l'indulgence et l'oubli eussent succédé à un jour de terreur juste et salutaire, qui n'eût laissé après lui que le souvenir d'une légitime et trop tardive explosion.

La plupart des Parisiens mécontents, inquiets, malheureux, jetaient les yeux en arrière et regrettaient les temps qui avaient précédé le 9 thermidor; ils n'avaient besoin pour renverser les tyrans que d'être conduits par des Républicains intrépides, qui attendaient eux-mêmes le signal de nos conjurés.

Dans cet état de choses, ceux-ci virent que le point important était de soustraire la foule des hommes laborieux à l'influence du gouvernement établi, et de les mettre exclusivement sous celle des démocrates; ils arrêtèrent donc que le jour de l'insurrection, tous les rapports existant entre le gouvernement et les citoyens seraient rompus, que le peuple se rangerait sous les bannières que le directoire secret délivrerait à des personnes de son choix, et que donner ou exécuter au nom de l'autorité tyrannique un ordre quelconque, serait ce jour-là un crime national puni de mort sur-le-champ.

Pour mettre de l'ordre dans le grand mouvement qui se préparait, le directoire secret jugea nécessaire de s'en déclarer ouvertement le chef, et d'indiquer en cette qualité au peuple, les demandes qu'il devait former, la marche qu'il devait suivre, les obstacles qu'il lui fallait vaincre, et les piéges qu'il lui importait de déjouer.

A cet effet, après une longue et sérieuse délibération, il adopta ce fameux *acte insurrecteur*, dont la publication eût été le signal de la nouvelle révolution, et qui était ainsi conçu :

ACTE INSURRECTEUR.

« Des démocrates français, considérant que l'oppression et la misère du peuple sont à leur comble; que cet état de tyrannie et de malheur est du fait du gouvernement actuel;

« Considérant que les nombreux forfaits des gouvernements ont excité contre eux les plaintes journalières et toujours inutiles des gouvernés ;

« Considérant que la Constitution du peuple jurée en 1793 fut remise par lui sous la garde de toutes les vertus;

« Qu'en conséquence, lorsque le peuple entier a perdu tous ses moyens de garantie contre le despotisme, c'est aux vertus les plus courageuses, les plus intrépides, à prendre l'initiative de l'insurrection, et à diriger l'affranchissement de la masse;

« Considérant que les droits de l'homme reconnus à la même époque, 93, tracent au peuple entier, ou à chacune de ses portions, comme le plus sacré des droits et le plus indispensable des devoirs, celui de s'insurger contre le gouvernement qui viole ses droits; et qu'ils prescrivent à chaque homme libre de mettre à l'instant à mort ceux qui usurpent la souveraineté;

« Considérant qu'une faction conspiratrice a usurpé la souveraineté, en substituant sa volonté particulière à la volonté générale librement et légalement exprimée dans les assemblés primaires de 1793, en imposant au peuple français, sous les auspices des persécutions et de l'assassinat de tous les amis de la liberté, un code exécrable, appelé Constitution de 95, à la place du pacte démocratique de 1793, qui avait été accepté avec tant d'enthousiasme;

« Considérant que le code tyrannique de 95 viole le plus précieux des droits, en ce qu'il établit des distinctions entre les citoyens, leur interdit la faculté de sanctionner les lois, de changer la Constitution et de s'assembler, limite leur liberté dans le choix des agents publics, et ne leur laisse aucune garantie contre l'usurpation des gouvernants;

« Considérant que les auteurs de cet affreux code se sont maintenus en état de rébellion permanente contre le peuple, lorsqu'ils se sont arrogé, au mépris de sa volonté suprême, l'autorité que la nation seule pouvait leur confier; qu'ils se sont créés, soit eux-mêmes, soit à l'aide d'une poignée de factieux et d'ennemis du peuple, les uns, rois sous un nom déguisé; les autres, législateurs indépendants;

« Considérant que ces oppresseurs, après avoir tout fait pour moraliser le peuple; après avoir outragé, avili et fait disparaître les attributs et les institutions de la liberté et de la démocratie; après avoir fait égorger les meilleurs amis de la République, rappelé et protégé ses plus atroces ennemis, pillé et épuisé le trésor public, pompé toutes les ressources nationales, totalement discrédité la monnaie républicaine, effectué la plus infâme banqueroute, livré à l'avidité des riches jusqu'aux derniers lambeaux du malheureux qui, depuis près de deux ans, meurt, chaque jour, affamé; non contents de tant de crimes, viennent, par un raffinement de tyrannie de ravir au peuple jusqu'au droit de se plaindre;

« Considérant qu'ils ont ourdi et favorisé des complots pour entretenir la guerre civile dans les départements de l'ouest, en trompant la nation par une pacification plâtrée, dont les articles secrets stipulaient des conditions contraires à la volonté, à la dignité, à la sûreté et aux intérêts du peuple français;

« Considérant que, tout récemment encore, ils ont appelé à eux une foule d'étrangers, et que tous les principaux conspirateurs de l'Europe sont en ce moment à Paris pour consommer le dernier acte de la contre-révolution;

« Considérant qu'ils viennent de licencier et de traiter indignement ceux des bataillons qui ont eu la vertu de se refuser à les seconder dans leurs atroces desseins contre le peuple; qu'ils ont osé mettre en jugement ceux des braves soldats qui ont déployé le plus d'énergie contre l'oppression, et qu'ils ont joint à cette infamie celle de qualifier d'inspiration royaliste leur généreuse résistance à la volonté des tyrans;

« Considérant qu'il serait difficile et trop long de suivre et de retracer complétement la marche populicide de ce gouvernement criminel, dont chaque pensée, chaque acte est un délit national; que les preuves de tous ces forfaits sont tracées en caractères de sang dans toute la République; que de tous les départements, les cris qui appellent sa répression sont unanimes; qu'il appartient à la portion des citoyens la plus voisine des oppresseurs d'attaquer l'oppression; que cette portion est comptable du dépôt de la liberté envers l'état entier, et qu'un trop long silence la rendrait complice de la tyrannie;

« Considérant enfin que tous les défenseurs de la liberté sont prêts;

« Après s'être constitués en comité insurrecteur de salut public, prennent sur leurs têtes la responsabilité et l'initiative de l'insurrection, et arrêtent ce qui suit :

« ARTICLE PREMIER. Le peuple est en insurrection contre la tyrannie.

« 2. Le but de l'insurrection est le rétablissement de la constitution de 1793, de la liberté, de l'égalité et du bonheur de tous.

« 3. Aujourd'hui, dès l'heure même, les citoyens et les citoyennes partiront de tous les points, en désordre et sans attendre le mouvement des quartiers voisins, qu'ils feront marcher avec eux. Ils se rallieront au son du tocsin et des trompettes, sous la conduite des patriotes auxquels le comité insurrecteur aura confié des guidons portant l'inscription suivante :

CONSTITUTION DE 1793.

ÉGALITÉ. LIBERTÉ.

Bonheur commun.

« D'autres guidons porteront ces mots :

« Quand le gouvernement viole les droits du peuple, l'in-
« surrection est pour le peuple, et pour chaque portion du
« peuple, le plus sacré des droits et le plus indispensable des
« devoirs.

« Ceux qui usurpent la souveraineté doivent être mis à
« mort par les hommes libres. »

« Les généraux du peuple seront distingués par des rubans tricolores flottant très-visiblement autour de leurs chapeaux.

« 4. Tous les citoyens se rendront avec leurs armes, ou, à

défaut d'armes, avec tous autres instruments offensifs, sous la seule direction des patriotes ci-dessus, aux chef-lieux de leurs arrondissements respectifs.

« 5. Les armes de toute espèce seront enlevées par les insurgés partout où elles se trouvent.

« 6. Les barrières et le cours de la rivière seront soigneusement gardés : nul ne pourra sortir de Paris sans un ordre formel et spécial du comité insurrecteur ; il n'entrera que les courriers, les porteurs et conducteurs de comestibles, auxquels il sera donné protection et sûreté.

« 7. Le peuple s'emparera de la trésorerie nationale, de la poste aux lettres, des maisons des ministres, et de tout magasin public ou privé contenant des vivres ou des munitions de guerre.

« 8. Le comité insurrecteur de salut public donne aux légions sacrées des camps environnant Paris, qui ont juré de mourir pour l'égalité, l'ordre de soutenir partout les efforts du peuple.

« 9. Les patriotes des départements réfugiés à Paris, et les braves officiers destitués, sont appelés à se distinguer dans cette lutte sacrée.

« 10. Les deux conseils et le directoire, usurpateurs de l'aurité populaire, seront dissous. Tous les membres qui les composent seront immédiatement jugés par le peuple.

« 11. Tout pouvoir cessant devant celui du peuple, nul prétendu député, membre de l'autorité usurpatrice, directeur, administrateur, juge, officier, sous-officier de garde nationale, ou quelque fonctionnaire public que ce soit, ne pourront exercer aucun acte d'autorité, ni donner aucun ordre; ceux qui y contreviendront seront à l'instant mis à mort.

« Tout membre du prétendu corps législatif, ou directeur, trouvé dans les rues, sera arrêté et conduit sur-le-champ à son poste ordinaire.

« 12. Toute opposition sera vaincue sur-le-champ par la force. Les opposants seront exterminés.

« Seront également mis à mort :

« Ceux qui battront ou feront battre la générale ;

« Les étrangers de quelque nation qu'ils soient, qui seront trouvés dans les rues;

« Tous les présidents, secrétaires et commandants de la conspiration royale de vendémiaire qui oseraient aussi se mettre en évidence.

« 13. Il est ordonné à tous les envoyés des puissances étrangères de rester dans leurs domiciles durant l'insurrection; ils sont sous la sauve-garde du peuple.

« 14. Des vivres de toute espèce seront portés au peuple sur les places publiques.

« 15. Tous les boulangers seront en réquisition pour faire continuellement du pain, qui sera distribué *gratis* au peuple; ils seront payés sur leur déclaration.

« 16. Le peuple ne prendra de repos qu'après la destruction du gouvernement tyrannique.

« 17. Tous les biens des émigrés, des conspirateurs et de tous les ennemis du peuple, seront distribués sans délai aux défenseurs de la patrie et aux malheureux.

« Les malheureux de toute la République seront immédiatement logés et meublés dans les maisons des conspirateurs.

« Les effets appartenant au peuple, déposés au mont-de-piété, seront sur-le-champ gratuitement rendus.

« Le peuple français adopte les épouses et les enfants des braves qui auront succombé dans cette sainte entreprise; il les nourrira et entretiendra; il en sera de même à l'égard de leurs pères et mères, frères et sœurs, à l'existence desquels ils étaient nécessaires.

« Les patriotes proscrits et errants dans toute la République recevront tous les secours et moyens convenables pour rentrer dans le sein de leurs familles. Ils seront indemnisés des pertes qu'ils auront souffertes.

« La guerre contre la tyrannie intérieure étant celle qui s'oppose le plus à la paix générale, ceux des braves défenseurs de la liberté qui prouveront avoir concouru à la terminer, seront libres de retourner avec armes et bagages dans leurs foyers; ils y jouiront, en outre, immédiatement des récompenses depuis si longtemps promises.

« Ceux d'entre eux qui voudront coutinuer de servir la République, seront aussi sur-le-champ récompensés d'une manière digne de la générosité d'une grande nation libre.

« 18. Les propriétés publiques et particulières sont mises sous la sauve-garde du peuple.

« 19. Le soin de terminer la révolution et de donner à la République la liberté, l'égalité et la constitution de 1793, sera confié à une assemblée nationale, composée d'un démocrate par département, nommé par le peuple insurgé sur la présentation du comité insurrecteur.

« 20. Le comité insurrecteur de salut public restera en permanence jusqu'à l'accomplissement total de l'insurrection. »

Cet acte renfermait les germes de plusieurs mesures législatives, destinées à justifier aux yeux du peuple les intentions bienfaisantes du directoire secret et la légitimité de son entreprise.

Et quoi de plus juste, en effet, que les mesures suivantes :

Distribution aux défenseurs de la patrie et aux malheureux, des biens des émigrés, des conspirateurs et des ennemis du peuple ;

Logement immédiat des malheureux dans les maisons des conspirateurs ;

Restitution gratuite des effets du peuple, déposés au mont-de-piété ;

Adoption par le peuple des épouses, enfants, pères, mères, frères et sœurs des citoyens morts dans l'insurrection, etc., et qui étaient nécessaires à leur existence?

On aurait tort de considérer la promesse d'une grande distribution de biens comme contraire à l'esprit de la communauté à laquelle on voulait arriver. Le grand point était de réussir, et le directoire secret qui n'adopta pas légèrement son acte d'insurrection, avait senti que, pour y parvenir, il ne lui fallait ni trop de réserve, ce qui eût pu décourager ses vrais amis, ni trop de précipitation, ce qui eût trop grossi le nombre de ses ennemis.

Par la promesse de distribution, le directoire fixait l'attention et entretenait l'espérance de la classe laborieuse, sans indisposer ceux qui, tout en haïssant la nouvelle aristocratie, n'aimaient pas pour cela l'égalité de fait. Distribuer les biens ne signifiait pas morceler la propriété territoriale; car les véritables biens ne sont pas les terres, mais les fruits qu'elles produisent; or, en distribuant les fruits, la promesse eût été complétement exécutée, et c'est là ce que le directoire secret se proposait de faire, ainsi qu'on va le voir.

Aussitôt après la destruction de la tyrannie, le peuple de Paris devait être réuni en assemblée générale à la place de la Révolution. Là, le directoire secret lui eût rendu compte de sa conduite, lui eût démontré que tous les maux dont il se plaignait étaient les effets de l'inégalité; lui eût rappelé les avantages qu'il était en droit d'attendre de la constitution de 1793, et l'eût invité à approuver l'acte insurrecteur. Ensuite on eût proposé au peuple insurgent de créer sur-le-champ une autorité provisoire, chargée de terminer la révolution et de gouverner jusqu'à la mise en activité des institutions populaires.

A l'effet d'obtenir du peuple victorieux un décret conforme à ses vrais intérêts, le directoire comptait soumettre à ses suffrages les noms des démocrates qu'il jugeait les plus dignes d'une si haute confiance. Cette nouvelle assemblée serait venue contracter à la face du ciel l'engagement de se dévouer pour le salut de tous, et jurer d'exécuter fidèlement les ordres qu'on se proposait de lui faire prescrire par le décret suivant :

« Le peuple de Paris, après avoir terrassé la tyrannie, usant des droits qu'il a reçus de la nature, reconnaît et déclare au peuple français :

« Que l'inégale distribution des biens et des travaux est la source intarissable de l'esclavage et des malheurs publics;

« Que le travail de tous est une condition essentielle du pacte social;

« Que la propriété de tous les biens de la France réside essentiellement dans le peuple français, qui peut seul en déterminer et en changer la répartition;

« Ordonne à l'assemblée nationale qu'il vient de créer dans

••

l'intérêt et au nom de tous les Français, d'améliorer la Constitution de 1793, d'en préparer la prompte exécution, et d'assurer par de sages institutions fondées sur les vérités ci-dessus reconnues, à la République française, une inaltérable égalité, la liberté et le bonheur;

« Enjoint à ladite assemblée de rendre compte, dans un an au plus tard, à la nation, de l'exécution du présent décret;

« Et s'engage enfin à faire respecter les décrets de cette assemblée, conformes aux ordres ci-dessus, et à punir de la peine des traîtres ceux de ses membres qui s'écarteront des devoirs qu'il vient de leur prescrire. »

Nous verrons plus bas par quelles lois le directoire secret se proposait de fixer la destinée de la République : avant tout, suivons dans ses développements la marche de la conspiration, dont il importe de faire connaître tous les détails.

Tandis que notre directoire mûrissait dans le silence toutes les parties de sa grande entreprise, les effets de ses inspirations commençaient à se manifester dans les corps armés stationnés à Paris et aux environs, et particulièrement dans la légion de police et parmi les grenadiers chargés de la garde du Corps législatif.

Rien n'alarmait le gouvernement autant que cet esprit d'opposition dont les militaires laissaient déjà apercevoir de nombreux symptômes; par là s'évanouissait à ses yeux le seul rempart qu'il se flattait de pouvoir opposer à la colère du peuple. Aussi, après avoir épuisé auprès de la légion de police les moyens de séduction, il fut forcé de donner l'ordre de sortir de Paris aux deux bataillons les plus insubordonnés de ce corps qui, par la loi de son institution, n'aurait jamais dû servir hors de cette ville. Cet ordre, signifié le 9 floréal, fut suivi d'une désobéissance formelle dont la suite immédiate fut un surcroît d'agitation dans le peuple; on crut toucher au moment où l'on pourrait avoir bon marché de la tyrannie.

Le directoire secret qui, sans avoir provoqué directement la résistance des légionnaires, avait cependant contribué à la faire éclater par les maximes qu'il ne cessait de répandre, crut aussi toucher au moment du succès, et quoiqu'il n'eût pas encore en son pouvoir tous les renseignements qu'il avait demandés, il se serait déterminé à donner le signal de l'insurrection, s'il avait eu la certitude de trouver dans la légion de police, une force suffisante pour repousser les premiers efforts du gouvernement et augmenter par là la confiance du peuple.

Tout fut mis en œuvre pour former ce point d'appui, et on eut un instant l'espoir de rendre l'insurrection générale dans l'armée de l'intérieur[1]. Des agents révolutionnaires se répandaient parmi les troupes; d'autres se tenaient prêts à faire marcher le peuple; un comité subitement formé au sein de la légion de police, communiquait déjà par l'entremise de Germain avec le directoire secret; un manifeste de la légion au peuple, et la réponse de celui-ci faite en son nom par les conjurés, indiquaient aux bons citoyens la tâche qu'ils avaient à remplir; les démocrates étaient sous les armes; tout allait s'ébranler, lorsque la soumission inattendue des bataillons insurgés obligea à arrêter le mouvement, de crainte d'attirer sur la patrie un échec irréparable.

Un décret de licenciement étouffa l'insurrection dans son berceau. Un nombre assez considérable de légionnaires s'y soumirent avec joie, et on eut lieu de se convaincre que la crainte des dangers des frontières avait été pour plusieurs d'entre eux le vrai motif de la résistance que les soldats républicains avaient trop légèrement attribué à un généreux patriotisme.

Quoi qu'il en soit des causes, peut-être inconnues, de cette insubordination, les démocrates en retirèrent l'avantage d'avoir à leur disposition, en les retenant dans leurs demeures, non-seulement les légionnaires bien intentionnés, mais aussi presque tous ceux qui avaient obtempéré aux ordres du gou-

1. On appelait ainsi l'armée que, depuis le 9 thermidor, on faisait camper autour de Paris pour en imposer aux amis de la liberté. (Buonarroti.)

vernement. De cette nombreuse désertion se forma le corps que le directoire secret comptait placer à l'avant-garde de l'armée insurrectionnelle. Cet événement tumultueux redoubla l'impatience du peuple, dont l'impétuosité toujours croissante avertissait le directoire secret que le dénoûment de la conspiration ne pouvait plus être différé sans un danger extrême. Des mouvements partiels, évidemment infructueux, allaient éclater, et, d'un autre côté, la perte de quelques légionnaires arrêtés pour avoir provoqué leurs camarades à la résistance, paraissait inévitable; il fallait prévenir les fausses démarches et briser la hache des tyrans : ces circonstances engagèrent le directoire secret à presser le moment de l'insurrection. On était au 10 floréal.

Deux choses paraissaient indispensables à nos conjurés, la prudence sans laquelle tout succès est impossible, et l'audace qui écarte les obstacles que nul ne peut prévoir; ils se firent constamment un devoir de celle-ci, en prenant celle-là pour guide. Voulant hâter la catastrophe, comptant pour mettre en mouvement les Parisiens, sur l'énergie des démocrates, instruits de l'impatience publique, suffisamment rassurés sur l'esprit des troupes et maîtres des légionnaires déserteurs, ils songèrent à donner à leurs forces les dispositions les plus convenables, et ce fut pour y parvenir qu'ils jugèrent nécessaire de s'entourer des citoyens qui réunissaient à l'amour de la démocratie, l'expérience des opérations militaires. Fion, Germain, Rossignol, Massart et Grisel, tous officiers ou généraux, furent appelés auprès du directoire secret, l'après-midi du 11 floréal; Grisel y fut admis à cause de l'influence qu'on le croyait exercer sur le camp de Grenelle.

A cette assemblée assistèrent Babeuf, Buonarroti, Debon, Darthé, Maréchal, Didier et les cinq militaires ci-dessus[1]. Le directoire secret fit d'abord connaître à ces derniers le

1. En convoquant cette assemblée, le directoire secret dérogea à l'article troisième de l'arrêté qui le créa, et cette faute, sans laquelle Grisel n'eût pas connu les chefs de la conspiration, fut la cause principale de la ruine de leurs projets. (Buonarroti.)

but de ses travaux, le point où il était parvenu et la route qui lui restait à parcourir ; il leur donna ensuite connaissance de l'acte insurrecteur qu'ils approuvèrent, et finit par les inviter à délibérer avec lui sur les moyens à prendre pour assurer le triomphe du peuple.

Il fut décidé que le directoire secret, se réservant la conception de toutes les mesures et la direction suprême du mouvement, confierait à un comité militaire le soin de préparer l'attaque et la défense, et lui remettrait les renseignements et les plans à ce relatifs.

Les cinq militaires ci-dessus furent nommés membres de ce nouveau comité, dont la première séance fut fixée au lendemain chez Reys, rue du Mont-Blanc.

Dans l'assemblée générale dont nous venons de parler, Germain se montra ardent démocrate, Massart ne démentit pas le caractère qu'il avait manifesté chez Amar, Grisel joua parfaitement le rôle de républicain, Fion et Rossignol tout en applaudissant aux vues du directoire secret, regrettaient de ne pas y voir quelques *ex-conventionnels montagnards*.

Peu d'heures après cette réunion, la retraite de Babeuf et les séances du directoire secret furent transférées au faubourg Montmartre, dans la maison d'Ourcel, où était aussi réfugié le rédacteur de l'*Éclaireur du Peuple*, qui, connaissant déjà une partie de la conspiration, eut alors quelque part aux travaux auxquels elle donnait lieu.

Germain était le seul organe par lequel le nouveau comité communiquait avec le directoire secret. Ce comité qui, du domicile de Reys, se transporta quelques jours après chez Clérez, près de la halle au blé, prit diligemment connaissance de l'affaire qui lui avait été confiée, et soumit, le 15, au directoire susdit, le résultat de son examen.

Parmi les nombreuses propositions que les conjurés recevaient de tous côtés, deux attirèrent leur attention particulière.

Par l'une, on les engageait à faire adroitement concourir au renversement du gouvernement, les royalistes qui en étaient aussi ennemis, et dont on eût ensuite trompé les espérances par l'annonce du véritable but de l'insurrection. Cette proposition fut rejetée, parce qu'on jugea qu'il serait fort dangereux de mettre d'abord les armes à la main de ceux qu'il faudrait bientôt combattre, et parce qu'on sentit que leur présence seule dans les rangs des insurgés suffirait pour décourager les Républicains et détruire en eux la confiance qu'ils accordaient aux mesures du directoire secret.

Par la seconde, deux officiers de la légion de police[1] offraient de poignarder, dans la nuit même, les membres du Directoire exécutif auprès duquel un d'eux était de garde avec un détachement de soldats patriotes; ils demandaient qu'on les soutînt par un corps de démocrates, et qu'on commençât ainsi l'insurrection; pour faciliter l'exécution de leur projet, ils communiquèrent le mot d'ordre. Cette proposition fut également rejetée, par le motif que rien ne devait être tenté qu'au moment où le concours simultané de toutes les mesures rendrait la victoire presque certaine.

A la vérité de grandes dispositions étaient faites : l'édifice législatif avançait tous les jours; les patriotes actifs étaient connus et classés; l'acte insurrecteur et les guidons autour desquels le peuple devait se rallier, étaient imprimés et distribués aux agents; l'impatience publique était extrême.

Mais, outre que le comité militaire ne s'était pas encore prononcé sur les moyens à employer pour opérer partout à la fois le grand ébranlement du peuple, le directoire secret n'était pas encore pourvu de l'argent dont il avait besoin pour faire subsister quelques hommes fort utiles, dénués de fortune, et n'avait pu s'assurer des poudres dont il était essentiel de munir les insurgents.

La pénurie d'argent est peut-être le trait le plus caractéristique de notre conspiration; l'amour des richesses était jugé criminel par les conspirateurs, et le directoire secret ne chercha jamais à se procurer par les contributions des patriotes, que ce qui lui était absolument nécessaire pour l'impression de ses écrits et pour l'entretien des démocrates

1. Peche et Steve.

pauvres qu'il employait. Cependant des moyens de ce genre étaient indispensables, soit pour acheter quelques agents de la tyrannie, soit pour fournir aux démocrates des occasions de flatter et de désabuser les soldats égarés. On fit quelques démarches pour en obtenir; mais la plus forte somme que le directoire secret eut à sa disposition, fut celle de *deux cent quarante francs* en numéraire, envoyée par le ministre d'une république alliée; elle fut saisie par les agents de la police, qui s'introduisirent, le 21 floréal, dans le lieu où s'assemblaient les conjurés.

Qu'il est difficile de faire le bien par les seuls moyens que la raison avoue ! qu'il en coûte au républicain austère de se relâcher des devoirs qu'elle impose, et d'employer les hommes qui les méconnaissent, afin de ne pas voir échouer ses tentatives et de ne pas être le témoin de nouveaux malheurs !

Germain ne tarda pas à s'apercevoir que Rossignol et Fion n'adoptaient pas franchement la marche du directoire secret; fortement attachés aux députés montagnards, ils voyaient avec peine que ceux-ci n'en faisaient pas partie; bientôt ils ne s'occupèrent plus que de cette idée, et donnèrent lieu de douter de leur dévouement dans le cas où elle ne serait pas agréée.

Les montagnards dont il est ici question, sont les conventionnels proscrits après le 9 thermidor, que nous avons vus réunis en comité, dans le dessein de rétablir la Constitution de 1793, et dont le directoire avait jugé nécessaire d'entraver les efforts.

Aux yeux de Fion et de Rossignol, les motifs qui avaient fait écarter ces montagnards n'étaient d'aucun poids; et ils paraissaient convaincus que l'apparition de ces anciens législateurs produirait un effet magique, effacerait les nuances des opinions républicaines, propagerait rapidement l'insurrection et vaincrait dans les départements toutes les résistances.

Plusieurs citoyens partageaient cette opinion; et, quand même Fion et Rossignol eussent été sans imitateurs, les avances qui leur avaient été faites et les services qu'on en attendait, par l'influence que Rossignol[1] surtout exerçait sur les habitants du faubourg Antoine, obligeaient le directoire secret à prendre leur avis en grande considération.

Sur ces entrefaites, on rapportait à notre directoire que le comité montagnard, auquel Robert Lindet venait d'être adjoint, loin d'avoir perdu de vue l'objet pour lequel il s'était formé, comptait le remplir à l'aide du mouvement préparé par les démocrates, dont il espérait s'emparer en faisant paraître ses membres au milieu de l'insurrection, et en les montrant au peuple comme ses seuls représentants.

D'un autre côté Drouet, célèbre par son dévouement et par son courage, connaissait les projets de Babeuf, était intimement lié avec Darthé, et désirait aussi une révolution favorable à l'égalité; le directoire secret comptait faire de sa popularité un levier d'insurrection. Mais Drouet n'était pas étranger aux travaux des montagnards, ses anciens collègues, et paraissait pencher pour la fusion des deux conspirations en une seule.

Enfin Germain vint mettre le comble à la perplexité du directoire; il manifesta de vives inquiétudes sur les intentions de Fion et de Rossignol, et parut alarmé des obstacles qu'allait élever l'ambition des montagnards, dont les desseins venaient de lui être confiés par Ricord et par Laignelot, qui lui avaient fait en même temps la proposition formelle de la réunion.

1. Acquitté par le jury de Vendôme, le général Rossignol reparut à Paris après le 18 fructidor. Il fut un des premiers que Bonaparte fit arrêter lors de l'explosion de la machine infernale. Déporté à l'île d'Anjouan, il y est mort comme Massart, comme Bouin, comme tous les transportés, à l'exception de Lefranc, dont nous parlions plus haut et de trois autres. Voici ses dernières paroles : « Je meurs accablé des plus horribles douleurs, mais je mourrais content, si je pouvais apprendre que l'oppresseur de ma patrie, l'auteur de tous mes maux endurât les mêmes peines et les mêmes souffrances ! » Lorsque Lefranc revint en France, le bâtiment anglais sur lequel il était relâcha à Sainte-Hélène; il eut donc le plaisir de s'assurer que les vœux de Rossignol avaient été exaucés. — A. R.

Debon, qui avait toujours pris une part active aux travaux du directoire secret, ne put entendre de sang-froid la proposition d'y associer ces montagnards, à qui il reprochait les maux qui pesaient sur la France.

L'impossibilité de faire concourir, d'une manière quelconque, ces montagnards au rétablissement de la chose publique, lui paraissait si évidente, qu'il inclinait à penser qu'une inertie complète serait préférable à la réunion proposée. Cette idée de renoncer à la conspiration déplut au directoire secret, et un de ses membres en fut si frappé, qu'il s'oublia au point d'accuser Debon de pusillanimité. L'altercation qui s'ensuivit fut bientôt apaisée, mais l'opinion qui y avait donné lieu, demeura profondément gravée dans l'esprit des conjurés; ils sentirent plus que jamais combien il leur fallait de prudence afin de ne pas sacrifier les meilleurs démocrates, sans aucun avantage pour le peuple, qui n'en eût été que plus opprimé.

On ne se dissimulait pas que de la réunion aux montagnards, allait résulter un état de choses moins favorable à la réforme qu'on avait en vue; mais leur audace, et surtout les opinions de Fion et de Rossignol paraissaient des obstacles capables d'enrayer tous les rouages de la conspiration.

Les fautes des montagnards et les maux épouvantables qui en avaient été les suites, revenaient sans cesse à l'esprit des conjurés, et il était évident pour eux qu'on ne pouvait attendre des déterminations libres de ces ex-conventionnels l'établissement tant souhaité d'une inaltérable égalité.

Persister dans la conspiration, tout en renonçant à cette égalité, eût été s'avouer inconséquent et ambitieux; briser les fils de la conspiration au moment où tout en promettait un prompt succès, eût été se rendre criminel aux yeux des patriotes et de la postérité : il fallait donc persévérer dans les premières résolutions, et tirer des circonstances le parti le plus favorable à la cause populaire.

A la suite d'une longue et vive discussion, le directoire secret adopta la réunion proposée, et résolut en même temps de prendre de grandes précautions pour contenir l'ambition des montagnards et pour les forcer à concourir à l'exécution de ses desseins.

D'après les explications qui avaient été données, en adoptant cette réunion, on s'engageait à rétablir la Convention nationale, c'est-à-dire la partie de ce corps qu'Amar regardait comme la seule légitime et existante encore de droit; si cela avait été fait sans aucune modification, la France eût été à la merci de ceux à qui on faisait de si graves reproches. Pour éviter un aussi grand malheur, le directoire secret décida que le rappel de la Convention n'aurait lieu qu'autant que les montagnards consentiraient préalablement :

1° A adjoindre à la Convention nationale, composée exclusivement de députés proscrits, un démocrate par département, nommé par le peuple insurgé sur la présentation du directoire secret;

2° A faire exécuter, sans restriction et sur-le-champ, les dispositions de l'article 18 de l'acte insurrecteur;

3° A se soumettre aux décrets qui seraient rendus par le peuple de Paris, le jour de l'insurrection.

Dès que cette résolution fut prise, Germain reçut l'autorisation d'amener le lendemain un membre du comité montagnard, au directoire secret qui se transféra à l'instant chez Tissot, rue de la Grande-Truanderie, où il avait précédemment tenu quelques-unes de ses séances.

Le 15 floréal au matin, Germain amena au directoire secret Ricord, envoyé par le comité montagnard. Il fut reçu par un discours dans lequel on lui fit connaître l'état des choses, les motifs qui avaient fait écarter toute idée de réunion avec ses commettants, et ceux d'après lesquels cette réunion avait été ensuite agréée On donna au député montagnard lecture de l'acte d'insurrection, et la discussion s'établit aussitôt sur les changements à faire à l'article concernant l'autorité provisoire qu'il était indispensable de créer. On convint sans peine que l'on rappellerait au pouvoir suprême les membres proscrits de la Convention nationale, mais on fit en même temps entendre à l'envoyé, que toute négociation serait rompue si les montagnards ne donnaient pas de garanties irréfragables de leurs intentions populaires. On lui parla sans ménagements et sans detour, et on lui déclara qu'on se méfiait de ses commettants à qui on faisait de graves reproches.

Il fut impossible à Ricord de justifier la totalité de ses confrères, parmi lesquels il en est, disait-il, qui n'ont pas mérité le blâme du peuple. On lui exposa les trois conditions ci-dessus rapportées, auxquelles on ajouta de concert :

La suspension de toutes les lois et de tous les arrêtés rendus depuis le 9 thermidor de l'an II ;

L'expulsion de tous les émigrés rentrés.

Ricord consentit à tout, sauf la ratification de ses collègues ; le lendemain il vint annoncer leur refus.

D'après les idées du comité montagnard, l'effet immédiat et unique de l'insurrection devait être la réinstallation d'environ soixante conventionnels proscrits, à qui il aurait fallu s'en rapporter aveuglément pour toutes les mesures consécutives.

L'adjonction d'un démocrate par département était repoussée par les montagnards, comme une atteinte à la souveraineté nationale dont ils se prétendaient les seuls dépositaires; les ordres qu'on voulait leur faire prescrire par les insurgés, étaient à leurs yeux autant d'empiétements sur les droits du peuple français, qu'il appartenait à eux seuls de représenter; ils voulaient bien mettre le peuple en possession des logements et des biens promis par l'acte d'insurrection, mais ils entendaient céder politiquement par là à un mouvement de générosité, et nullement exécuter un ordre, ni reconnaître un droit; enfin ils offraient aux membres du directoire secret de les nommer au conseil exécutif qu'ils se proposaient d'établir.

On sera sans doute bien aise de lire la réponse qui fut faite à l'envoyé montagnard ; la voici :

« En concourant au rétablissement provisoire d'une partie de la Convention, nous n'entendons servir que le peuple. La seule récompense à laquelle nous aspirions, est le triomphe complet de l'égalité. Nous combattrons et nous exposerons nos vies pour rendre au peuple la plénitude de ses droits, mais nous ne concevons pas qu'on puisse se prétendre généreux envers le maître de toutes choses. Si vous désirez réellement travailler avec nous à la grande entreprise qui nous occupe, gardez-vous d'émettre des propositions et de faire des offres qui jettent du louche sur vos intentions.

« Plusieurs de tes collègues ont trahi la confiance du peuple, et nous serions infiniment plus répréhensibles qu'eux, si nous consentions à le livrer de nouveau à leurs passions et à leurs faiblesses. Il est inconcevable que, pour rétablir la souveraineté du peuple, il faille employer les instruments qui la perdirent. C'est à ceux de qui la nation attend la destruction de la tyrannie, qu'elle délègue nécessairement le droit de prendre les mesures provisoires indispensables.

« Nous ne voulons pas anéantir un gouvernement oppresseur, pour lui en substituer un qui ne le serait pas moins. Il est bon de pardonner à l'erreur, mais il y aurait de la folie à confier de nouveau le sort de la patrie à ceux dont les erreurs la perdirent.

« Mieux vaut périr par les mains des patriotes qui, indignés de leur inaction, pourront nous accuser de pusillanimité et de trahison, ou par celles du gouvernement qui pourra enfin avoir connaissance de nos tentatives, que de mettre encore le peuple à la merci de ceux qui immolèrent au 9 thermidor ses meilleurs amis, et laissèrent, depuis, lâchement proscrire les républicains et démolir l'édifice démocratique. »

En se retirant, Ricord déclara qu'il communiquerait au directoire secret la résolution définitive de ses commettants.

Il le fit et le soir du 18 floréal, Darthé rapporta au directoire secret, que dans une assemblée à laquelle il avait assisté, le comité montagnard, après de violents débats, avait consenti à l'adjonction d'un démocrate par département, aux dispositions favorables à la classe malheureuse et à l'exécution du décret qu'on se proposait de demander au peuple de Paris en insurrection. Il raconta en même temps que les objections dont avait parlé Ricord avaient été victorieusement réfutées par Amar, et surtout par Robert-Lindet, qui, après avoir justifié la méfiance du directoire secret, parla longuement de la nécessité d'imprimer à la révolution un caractère véritablement populaire, sans lequel elle n'est, dit-il, qu'un jeu de parti. Cette nouvelle fut annoncée à l'instant aux agents, et, dès lors, on ne songea plus qu'à hâter le dénoûment de la conspiration.

Pendant les négociations qui eurent lieu entre le comité montagnard et le directoire secret, les communications de celui-ci avec le comité militaire furent très-fréquentes : ils demeurèrent d'accord :

Que l'insurrection se ferait de jour ;

Que des généraux conduiraient, sous les ordres du directoire secret, le peuple contre ses ennemis ;

Que les insurgents seraient divisés par arrondissement, et subdivisés par sections ;

Que les arrondissements auraient des chefs, et les sections des sous-chefs ;

Que toute subordination envers les autorités existantes serait rompue, et tout acte de cette nature puni de mort sur-le-champ.

Pour mieux s'entendre, pour établir entre tous les principaux acteurs une parfaite confiance au principe de la réunion qui venait d'être conclue, et pour coordonner toutes les mesures à prendre, une assemblée générale du directoire et des deux comités fut indiquée pour le 19 au soir, chez Drouet, près la place des Piques.

A côté de tant de généreux défenseurs des droits de l'humanité, se trouva un infâme hypocrite qui, afin de perdre la cause à laquelle ils s'étaient voués, avait malicieusement emprunté auprès d'eux leurs principes et leur langage : ce pervers est Georges Grisel.

Soit dans le dessein de se frayer un chemin à la fortune, dont la connaissance des projets des conjurés lui enleva ensuite toute espérance, soit dans l'intention immédiate de servir la tyrannie, Grisel s'efforça de se concilier la confiance des démocrates. Après avoir engagé Darthé à lui livrer l'instruction destinée aux agents militaires, il n'épargna rien pour entretenir l'opinion favorable qu'on avait conçue de lui ; admis depuis à une séance du directoire secret, et nommé membre du comité militaire, il s'y montra le démocrate le plus outré et le plus impatient; il voulait tout connaître, et ne visait à rien moins qu'à débarrasser d'un seul coup la tyrannie de tous les amis de l'égalité, et à lui découvrir toutes les pensées de la démocratie.

Ayant enfin connu les principaux conjurés et une partie de leur plan, il les dénonça, le 15 floréal, au gouvernement à qui il promit de les livrer avec les papiers de la conspiration.

A ce trait de perfidie, Grisel ajouta depuis tous les jours de nouvelles trahisons; très-assidu au comité militaire, il pressait ses confiants collègues, il aplanissait les difficultés, suggérait les mesures, et n'oubliait jamais d'affermir les courages par la peinture exagérée du dévouement du camp de Grenelle à la démocratie.

D'après les renseignements donnés par Grisel, des ordres furent expédiés pour surprendre, le 18, les conjurés dans une réunion qu'on supposa devoir avoir lieu chez Ricord; on ne trouva personne, et de nouvelles mesures furent prises pour investir le lendemain au soir l'habitation de Drouet, où le traître savait que les conjurés devaient s'assembler.

En effet, cette assemblée eut lieu depuis huit heures et demie jusqu'à onze heures moins un quart; Babeuf, Buonarroti, Darthé, Didier, Fion, Massart, Rossignol, Robert-Lindet, Drouet, Ricord, Laignelot et Javogues y assistèrent. Grisel s'y rendit aussi : le perfide! il venait de vendre ses associés *à la tyrannie;* il attendait là leurs bourreaux et il les embrassait, les applaudissait et leur prodiguait, sans rougir, les témoignages de la plus franche amitié.

Les conjurés assemblés chez Drouet étaient dans la plus parfaite sécurité; l'ardeur de leurs sentiments et la sainteté de leur cause bannissaient toute méfiance : l'assurance et la verbosité de Grisel écartaient de lui tous les soupçons.

Le directoire secret, par l'organe d'un de ses membres, exposa les motifs qui l'avaient déterminé à se faire le centre des efforts des démocrates contre la nouvelle tyrannie. « Souvenez-vous, dit l'orateur aux conjurés, de vos serments; souvenez-vous des maux produits par l'oubli des principes que vous jurâtes de sceller de votre sang. Le moment de tenir vos engagements est venu; il faut combattre. Le triomphe de la plus noble des causes, la liberté du peuple français, la confiance qu'il vous témoigne, la fureur de ses ennemis et votre propre sûreté vous en imposent impérieusement le devoir.

« Jamais conspiration ne fut plus légitime : il ne s'agit point de choisir des maîtres; aucun de nous n'aspire ni à la fortune ni au pouvoir; des traîtres nous forcent à prendre les armes, et c'est pour l'existence, pour la liberté et pour le bonheur de nos concitoyens qu'une armée de libérateurs, par nous secrètement réunis, n'attend que notre signal pour fondre sur cette poignée de tyrans qui oppriment le peuple.

« Tout était dans la stupeur. Après l'inutile victoire du 13 vendémiaire, l'aristocratie ne rencontrait aucun obstacle; un grand nombre de démocrates désespérant de la liberté, allaient transiger avec d'odieux oligarques, gorgés du sang de vos amis.

« A notre voix renaquit l'espérance et reparut l'ancienne énergie, et déjà, grâce au zèle infatigable de tant de courageux républicains, le peuple impatient demande à grands cris le signal du combat.

« Tous les bons nous sont connus; les méchants tremblent. Au jour que vous marquerez, les armes que la tyrannie s'efforce en vain de vous dérober, se trouveront entre les mains de nos frères. Vous avez voulu que la révolution que nous préparons soit complète et que le peuple n'ait plus à se contenter d'une liberté spéculative et d'une égalité dérisoire.

« L'égalité réelle et légale, voilà le grand caractère qui doit distinguer votre sublime entreprise de toutes celles qui la précédèrent.

« Toutes les difficultés sont vaincues; l'amour de la patrie nous a réunis. Les conditions auxquelles ceux qui représentèrent autrefois la nation ont souscrit, et les dispositions de l'acte d'insurrection arrêtées de concert, annonceront et garantiront au peuple la justice et l'utilité de son insurrection.

« Les moments pressent ; l'impatience publique est extrême ; ne risquons pas de perdre, par un plus long retard, une occasion qu'il ne nous serait peut-être plus possible de ressaisir.

« Nous vous prions :

« D'ajouter aux mesures que nous avons prises, celles que vous jugerez nécessaires ;

« De fixer le moment de l'insurrection.

« Nous périrons dans le combat, ou nous mettrons fin par la victoire et par l'égalité, à une si longue et si sanglante révolution. »

Robert-Lindet démontra la justice de l'insurrection, justifia le rappel de la Convention, et insista longtemps sur la nécessité d'imprimer à la prochaine révolution, par la pratique de la plus stricte égalité, un caractère particulier et absolument populaire.

« Quant à moi, disait Grisel, je vous réponds de mes braves camarades du camp de Grenelle ; et pour vous faire voir combien je prends à cœur le triomphe de la sainte égalité, je vous dirai que j'ai trouvé le moyen d'arracher à mon aristocrate d'oncle la somme de 10 000 livres que je destine à procurer des rafraîchissements aux soldats insurgés. »

Le nouvel acte d'insurrection fut de nouveau approuvé par les conventionnels, qui promirent de se rendre, le jour de l'insurrection, avec leurs collègues à l'endroit que le directoire secret indiquerait, pour l'installation de la Convention, et de concourir sincèrement à l'exécution des mesures arrêtées et des décrets que prononcerait le peuple en insurrection.

Massart rendit compte, au nom du comité militaire, des bases du plan d'attaque qui lui avait paru le plus conforme aux vues du directoire secret. D'après l'avis du comité, les douze arrondissements de Paris, réunis en trois divisions, devaient être conduits par autant de généraux sur le Corps législatif, sur le Directoire exécutif et sur l'état-major de l'armée de l'intérieur : les premiers pelotons devaient être formés par les démocrates les plus ardents ; et telle était l'impatience publique, que l'on regardait comme chose de facile exécution, la levée en masse de tous les hommes laborieux, à la voix des agents révolutionnaires et des amis actifs de l'égalité. Il ajouta que, pour se prononcer sur le moment de l'insurrection, le comité avait besoin de quelques nouveaux éclaircissements sur le nombre des démocrates et sur la capacité de quelques-uns d'entre eux, ainsi que sur les lieux où étaient déposées les armes et les munitions dont il fallait nécessairement s'emparer au commencement de l'action.

L'assemblée arrêta :

« Que le directoire secret hâterait le dénoûment de la conspiration ;

« Qu'il donnerait à ses agents des instructions conformes au plan du comité militaire ;

« Qu'elle se réunirait deux jours après pour entendre un rapport final sur l'état des choses et fixer le jour du mouvement. »

A peine l'assemblée était-elle dissoute, que le ministre de la police, suivi d'un détachement d'infanterie et de cavalerie, pénétra de vive force et au mépris des lois [1] dans l'appartement de Drouet, où il espérait saisir les conjurés ; on n'y trouva que Drouet et Darthé, que le ministre ne crut pas prudent d'arrêter. Un ordre mal conçu ou mal donné fit ainsi avorter, pour le moment, les sinistres desseins de la tyrannie régnante.

Mais cet événement qui eût dû inspirer de la méfiance aux conjurés, ne fit qu'accroître leur sécurité. Grisel, qui avait su les convaincre de sa bonne foi, dissipa leurs alarmes et leur persuada que toute nouvelle précaution était inutile.

D'abord le directoire secret attribua à la trahison le danger qu'il avait couru, et, dans l'examen qu'il s'empressa d'établir pour en découvrir l'auteur, il arrêta un moment ses soup-

1. La Constitution d'alors défendait les visites domiciliaires pendant la nuit.

çons sur un des plus sincères amis de la cause populaire. Germain n'avait pas assisté à l'assemblée qui avait eu lieu chez Drouet, et cette absence, à laquelle il s'était condamné à cause des poursuites dont il était déjà l'objet, éleva contre lui quelques nuages que le souvenir de sa moralité, de sa conduite, de ses sacrifices et de sa franchise fit bientôt évanouir. Toute méfiance ultérieure fut dissipée par un raisonnement suggéré à Darthé par Grisel lui-même. S'il y avait, disait-il, un traître parmi les conjurés, il aurait conduit la police à la fois chez Drouet où nous étions hier au soir, et dans le lieu où nous nous assemblâmes tous le 11, parce que les papiers de la conspiration y sont déposés[1] : cela n'ayant pas eu lieu, on doit en conclure qu'il n'y a pas de trahison, et que la démarche de la police n'est que l'effet des soupçons qu'elle a conçus et de la surveillance extraordinaire qu'elle s'est imposée. Par là furent dissipées toutes les alarmes, et le directoire secret jugea inutile de prendre aucune des précautions par lesquelles il lui eût été si facile d'éviter les malheurs dont il fut bientôt accablé.

En exécution des ordres du directoire secret, il y eut, le 20 au soir, une nouvelle assemblée à laquelle intervinrent Darthé, Didier, Germain, Fion, Massart, Rossignol, Grisel et tous les agents d'arrondissement. Cette assemblée, qui fut tenue chez Massart, eut pour objet de consulter chacun de ces citoyens, dont l'expérience était connue, sur les moyens les plus propres à faire éclater simultanément le mouvement, et à en assurer le succès, et d'apprendre de chaque agent révolutionnaire, quelles étaient, au juste, ses ressources en hommes, en armes, en munitions et en dévouement.

Claude Fiquet, agent du 6e arrondissement, suggéra de barricader le faubourg Antoine, afin de protéger la dissolution des troupes campées à Vincennes, si elles étaient bien intentionnées, ou de les empêcher de pénétrer dans la ville si elles avaient de mauvais desseins.

1. Grisel déclara depuis devant les tribunaux, qu'il n'avait pas pu se souvenir du lieu où s'était tenue l'assemblée du 11.

Paris, agent du 7e, rendit compte d'un plan d'attaque proposé par un général que le directoire secret l'avait engagé à consulter; il dit comment on pourrait facilement arrêter le Directoire exécutif, et proposa de s'assurer des issues souterraines du Luxembourg, par où ses membres auraient pu se soustraire à la justice.

Cazin, agent du 3e, voulait qu'on assurât par un pont de bateaux, la communication entre les faubourgs Antoine et Marceau, et qu'on s'emparât, dès le commencement, des hauteurs de Montmartre, soit pour foudroyer de là les aristocrates qui oseraient résister, soit pour s'y rallier en cas d'échec.

Bodson, agent du 11e, désirait que l'insurrection se fît un jour où le décadi coïnciderait avec un dimanche, afin de réunir plus aisément les ouvriers encore attachés aux pratiques du christianisme, et ceux qui y avaient renoncé. Il proposa de se servir des femmes et des enfants pour rompre les rangs des soldats et les entraîner à se confondre avec le peuple.

A l'égard de l'esprit public, les agents révolutionnaires répétèrent ce qu'ils avaient mandé au directoire secret; ils dirent que l'impatience était générale et extrême, et que la chute de la tyrannie était certaine, à moins que les soldats ne se décidassent à faire main basse sur le peuple : dans ce cas, ils comptaient sur le nombre et sur le courage des démocrates, secondés par des dispositions militaires mûrement concertées.

Cependant, les renseignements donnés par les agents ne parurent pas suffisants au comité militaire, qui désira plus de précision, et voulut que les citoyens destinés à jouer dans l'insurrection un rôle important, fussent consultés, de manière à ne pas se méprendre sur leurs intentions. Ces nouveaux rapports devaient être remis à Massart, et communiqués par lui à une assemblée générale indiquée pour le lendemain matin chez Dufour, au faubourg Poissonnière.

Tandis que l'agitation, toujours croissante, faisait présager généralement un choc prochain, le directoire secret mesurait dans le silence les forces qu'il avait ralliées, combinait les mouvements à leur imprimer, et mûrissait les plans par lesquels il se proposait d'atteindre le grand but de la révolution, c'est-à-dire l'égale répartition des biens et des peines.

En portant les regards autour de lui, il se voyait à la tête d'une armée composée d'un grand nombre d'amis ardents de la révolution, ralliés par ses soins à un but commun, et impatients de se mesurer avec la tyrannie ; des membres des autorités en exercice avant le 9 thermidor ; des canonniers de Paris, célèbres par leur esprit démocratique ; des officiers destitués ; des patriotes des départements qu'il avait appelés à Paris ou qui y étaient venus pour se soustraire à la persécution ; des militaires détenus pour cause de civisme ou d'insubordination ; des grenadiers du Corps législatif ; de presque toute la légion de police, et du corps entier des Invalides[1].

A côté du tableau de ses forces, il avait devant les yeux celui des forces que la tyrannie pouvait lui opposer : il savait que des corps armés pourraient, quoique faibles, entraver la marche du peuple ; que les royalistes prendraient probablement la défense du gouvernement qu'ils haïssaient, pour ne pas subir la loi de l'égalité qui leur était encore plus odieuse ; que la pluralité des riches qui commandaient exclusivement la garde nationale, verraient avec peine le triomphe de la démocratie ; que les principaux avaient des

1. On peut, sans exagérer, porter à dix-sept mille les hommes prêts à prendre l'initiative de l'insurrection, qui se trouvaient alors à Paris, sans compter la classe très-nombreuse des ouvriers dont le mécontentement et l'impatience éclataient de toute part. Voici l'état qui servit de base aux déterminations du directoire secret :

Révolutionnaires	4 000
Membres des anciennes autorités	1 500
Canonniers	1 000
Officiers destitués	500
Révolutionnaires des départements	1 000
Grenadiers du Corps législatif	1 500
Militaires détenus	500
Légion de police	6 000
Invalides	1 000
	17 000

armes, et que le gouvernement pourrait en fournir aux autres.

De leur côté, les conjurés avaient à leur disposition les armes et les munitions dont les grenadiers du Corps législatifs et les légionnaires étaient pourvus, et comptaient s'emparer de celles qui étaient déposées chez les armuriers, aux chefs-lieux des sections, aux Tuileries, aux Feuillants et aux Invalides, à l'aide des citoyens les plus audacieux et de la connivence de ceux qui étaient préposés à la garde des magasins. Ils comptaient en outre sur l'artillerie du camp de Vincennes, qui leur était dévouée, et espéraient que les troupes se joindraient au peuple, que l'éclat subit d'une immense population frapperait d'effroi les partisans de la tyrannie, et que le peuple trouverait un puissant auxiliaire dans la lâcheté si naturelle aux favoris de la fortune, sur lesquels le gouvernement fondait ses principales espérances.

Est-ce pour se soutraire à la juste haine du peuple, est-ce pour seconder les conjurés ou pour les connaître et les perdre, que le directeur Barras eut, le 30 germinal, avec Germain, à ce autorisé par le directoire secret, une longue conférence, dans laquelle il le sonda sur les causes de l'effervescence qui se manifestait dans le peuple ; et que, le 20 floréal au soir, il fit offrir aux principaux conjurés par l'organe de Rossignol et de Louel, ou de se mettre avec son état-major à la tête de l'insurrection, ou de se constituer en ôtage au faubourg Antoine? Ceux qui voudraient donner à ces faits une interprétation honorable pour le directeur Barras, auraient aussi à expliquer pourquoi il ne fit pas prévenir de la dénonciation qui avait été faite contre eux au Directoire exécutif, le 15 floréal, ceux à qui il paraissait témoigner le 20, tant d'intérêt et de confiance[1].

1. Un fait postérieur à notre conspiration paraît éclaircir ce mystère. Après la dissolution violente du directoire secret et l'emprisonnement de plusieurs de ses membres, d'autres démocrates entreprirent de briser leurs fers et de continuer leur ouvrage. Deux amis du directeur Barras s'introduisirent auprès d'eux et leur persuadèrent que celui-ci partageait leurs vœux et désirait seconder efficacement leurs efforts. Ce fut

Après s'être rendu compte des forces de la démocratie à Paris, après avoir recueilli les vues des patriotes les plus éclairés, et après avoir entendu le comité militaire, le directoire secret crut devoir tracer un mode d'insurrection, afin que tous les efforts tendissent uniformément vers le même but, et afin que l'entreprise n'échouât pas faute de prudence.

On avait reconnu depuis longtemps l'avantage qu'il y aurait à ouvrir l'insurrection par l'annonce publique d'un directoire insurrectionnel auquel tout devait se rallier, et dont chacun devait suivre l'impulsion.

Cette annonce devait se faire par la promulgation de l'acte insurrecteur, arrêté de concert avec le comité montagnard.

Dans cet acte, ainsi que dans ceux qui auraient paru pendant et après l'insurrection, le directoire secret prenait le titre de comité insurrecteur de salut public, pour se rapprocher de formes sous lesquelles on avait préparé l'égalité avant le 9 thermidor, et pour éviter toute ressemblance avec celles que l'aristocratie avait instituées.

Le partage de l'armée insurgente en trois divisions avait été adopté. Trois généraux devaient les commander sous les ordres d'un général en chef, soumis à ceux du comité insurrecteur; à chaque général de division eussent été subordonnés des chefs d'arrondissement, et à ceux-ci, des chefs de sections, subdivisées elles-mêmes par pelotons.

A l'égard des généraux, les vues du comité se portaient sur Fion, Germain, Rossignol et Massart. Les chefs et les commandants de pelotons, désignés par le même comité, devaient se présenter pour former les rangs du peuple, au

par leurs conseils qu'on forma le projet de faire fraterniser les démocrates et les militaires du camp de Grenelle, avec lesquels ils se seraient portés ensuite sur le Directoire exécutif pour opérer les changements désirés. Les promesses faites, au nom de Barras, par ses amis, une somme d'environ 24 000 francs par eux distribuée, et les protestations de quelques officiers du camp, déterminèrent, en effet, les démocrates à s'y présenter en foule sans armes, aux cris de : *Vive la République!* et en chantant des hymnes patriotiques; au lieu de la fraternité qu'on leur avait promise, ils y trouvèrent la mort. Qui tendit ces piéges? qui voulut détruire d'un seul coup le parti démocratique? (Buonarroti.)

moment où la proclamation de l'acte insurrecteur, le tocsin, les trompettes et la voix des amis de la liberté, l'eussent appelé à reconquérir ses droits.

Un point essentiel était d'attacher à chaque section des démocrates éclairés, chargés d'expliquer au peuple les dispositions de l'acte insurrecteur, et de lui en démontrer la justice et l'utilité.

L'armée populaire étant ainsi composée, à l'aide de l'insurrection qu'on se flattait de rendre générale dans les classes laborieuses, il fallait la diriger contre la tyrannie et l'opposer à ses forces. Des colonnes devaient marcher sur le Corps législatif, sur le Directoire exécutif, sur l'état-major, et sur les hôtels des ministres pour soutenir les républicains, chargés d'arrêter les usurpateurs.

Les sections les plus aguerries et les mieux armées eussent été dirigées vers les dépôts d'armes et de munitions, et surtout vers les camps de Grenelle et de Vincennes, où il n'y avait pas plus de huit mille hommes que l'on croyait prêts à se joindre au peuple.

Pour hâter cette jonction, on se proposait d'employer l'appareil d'une grande force autant que le langage de la persuasion; des orateurs eussent rappelé aux soldats les crimes du gouvernement et leurs devoirs envers la patrie; les femmes leur eussent présenté des couronnes et des rafraîchissements; les invalides les eussent invités à suivre leur exemple. Au pis aller, des dispositions étaient prises pour encombrer les rues et pour faire pleuvoir sur les troupes des torrents d'eau bouillante mêlée avec du vitriol, et une grêle de pierres, de tuiles, d'ardoises et de briques.

Le reste de l'armée populaire eût été employé à garder les issues de Paris, à maintenir les communications entre les différents corps du peuple, à protéger l'approvisionnement de la ville, à empêcher tout rassemblement anti-populaire, à intercepter toute correspondance aristocratique, à repousser toute tentative de pillage, et à exécuter les ordres des autorités insurrectionnelles.

Des accidents imprévus, semblables à ceux qui causèrent

les malheurs de prairial, auraient pu rendre douteux le succès de l'entreprise, si on n'avait pas songé à les prévenir. Parmi ces accidents, le défaut de subsistances qui eût empêché le peuple de rester sous les armes tout le temps nécessaire, était infiniment à redouter; aussi le comité insurrecteur avisait-il aux moyens de faire approvisionner abondamment tous les lieux où le peuple pourrait s'assembler, et c'était principalement dans cette vue, qu'il avait arrêté de faire installer, dès le commencement du mouvement, dans chaque section, trois membres du comité révolutionnaire qui était en exercice au 9 thermidor, et de les charger de mettre à l'instant sous la main des citoyens insurgés, les vivres dont ils pourraient avoir besoin, en saisissant les denrées déposées dans tous les magasins publics et privés, et d'exécuter sur-le-champ les premiers soulagements promis aux malheureux.

Afin de donner au peuple une idée sensible de la nouvelle révolution, et d'affermir son zèle, le comité insurrecteur se proposait de publier pendant l'insurrection, deux arrêtés, en vertu desquels les pauvres eussent été immédiatement habillés aux frais de la République, et logés le même jour dans les maisons des riches, à qui on n'aurait laissé que le logement indispensable.

Il est bon de faire connaître l'idée que le comité insurrecteur s'était formé du jugement populaire, auquel il voulait soumettre les principaux coupables, c'est-à-dire les membres des deux Conseils et ceux du Directoire exécutif. Le crime était évident, la peine était la mort, un grand exemple était nécessaire.

Cependant on voulait que cet exemple portât l'empreinte d'une rigoureuse justice et du sentiment profond du bien public Il était convenu que le peuple insurgé entendrait un rapport détaillé et individuel sur les trahisons dont il avait été la victime, et serait invité à excepter de la proscription ceux d'entre les accusés à qui un égarement excusable, des mœurs simples et populaires, ou quelque service éclatant rendu à l'égalité pendant l'insurrection, auraient pu faire pardonner les fautes politiques. Il y avait, au comité insurrecteur, des avis d'après lesquels les condamnés eussent été ensevelis sous les décombres de leurs palais, dont les débris auraient rappelé aux générations les plus reculées, la juste punition infligée aux ennemis de l'égalité.

Toutes les mesures d'attaque et de défense allaient être indiquées aux agents d'arrondissement et aux généraux que le comité était sur le point de nommer.

Un point fort délicat fut mûrement discuté dans le comité insurrecteur. Il s'agissait de déterminer quelle part auraient ses membres à l'exercice de la nouvelle autorité. Son dessein était de parler au peuple sans réticences et sans détours, et de rendre à sa souveraineté le plus éclatant hommage. S'il avait jugé nécessaire, pour le succès complet de l'insurrection, d'être investi temporairement de tout le pouvoir national, il n'eût pas balancé à le demander. Mais toute institution de ce genre ayant été précédemment repoussée, il restait seulement à examiner s'il convenait d'engager le peuple insurgent à instituer un corps peu nombreux, chargé d'inspirer les mesures législatives à la nouvelle Convention dont il exécuterait les décrets, ou s'il était plus utile d'abandonner à celle-ci ce soin important.

Quelle qu'eût été la décision du comité insurrecteur, il aurait encore fallu se demander si le succès de la nouvelle révolution n'exigeait pas que ses membres composassent exclusivement le corps dont il s'agit.

Rien n'ayant été statué à cet égard, je ne puis que rapporter les raisonnements par lesquels le comité avait comparé les avantages et les inconvénients des divers plans qu'il eût pu adopter.

On considéra d'abord que la conversion de l'initiative insurrectionnelle en un pouvoir permanent et nécessairement très-étendu, ferait soupçonner les membres du comité insurrecteur de vues ambitieuse et intéressées; on craignit que de semblables inculpations, par la facilité avec laquelle elles s'accréditent et se propagent, n'entravassent leur marche et ne leur laissassent pas le temps de réaliser le bien qu'ils se proposaient; et l'on se demanda si la présence des conjurés dans la nouvelle Convention, leur union intime et la confiance dont ils seraient investis, ne suffiraient pas pour communiquer aux lois l'esprit de leur entreprise, et pour élever à la magistrature suprême des citoyens dignes d'en exercer le pouvoir.

D'un autre côté, le comité insurrecteur ne voyait pas beaucoup d'hommes en qui la pureté des principes se trouvât réunie au courage, à la fermeté et à l'intelligence nécessaires pour les réduire en pratique; il sentait combien il était dangereux de ne pas laisser le soin d'achever l'ouvrage à ceux qui avaient eu la hardiesse de le commencer, et redoutait la duplicité de certaines personnes avec qui il allait se trouver en concurrence. Après avoir longtemps hésité, nos conjurés s'étaient presque décidés à demander au peuple un décret, par lequel l'initiative et l'exécution des lois leur seraient exclusivement confiées.

Bien des projets demeurèrent imparfaits, bien des travaux furent interrompus par la trahison qui livra à la vengeance de l'aristocratie ceux que les circonstances avaient portés à la tête du parti démocratique, et le récit de leur conspiration pourrait se terminer ici, si, pour en faire bien connaître toutes les intentions, il n'était pas nécessaire de jeter quelque jour sur l'idée qu'ils se formaient de l'état où se serait trouvée la nation immédiatement après l'insurrection, sur le but final auquel ils visaient, et sur les moyens qu'ils comptaient employer pour l'atteindre.

Au milieu de l'épouvante qu'une révolution si radicale eût imprimée aux aristocrates de toutes les nuances, et de la joie que des changements si populaires eussent excitée dans la classe nombreuse des hommes laborieux et des malheureux, allait s'élever la nouvelle Convention [1], portée à fonder solidement l'égalité par les principes de presque tous ses membres, et par les vœux du peuple dont elle eût été entourée.

A côté d'elle, le comité insurrecteur secondé par les ma-

1. Composée d'environ cent soixante-dix députés.

gistrats installés par l'insurrection, eût présidé, au moins provisoirement, à l'exécution des dispositions de l'acte qui devait mettre les citoyens en mouvement; à sa voix, l'énorme masse des pauvres de Paris eût été subitement tirée de ses taudis et transportée dans des logements sains et commodes; des habillements eussent été fournis aux malheureux, et les effets déposés au Mont-de-Piété leur eussent été gratuitement rendus.

En même temps, on eût veillé soigneusement à assurer la subsistance du peuple; les principes de la nouvelle révolution auraient été expliqués aux citoyens, dans les assemblées qu'on devait rouvrir; une nombreuse garde populaire aurait contenu les malveillants et facilité toutes les opérations qu'on aurait jugées nécessaires pour l'affermissement du nouveau système.

Il est impossible de déterminer avec exactitude combien il eût fallu déployer de force; les conjurés voulaient l'emporter à tout prix et étaient bien décidés à vaincre ou à s'ensevelir sous les ruines de la patrie. Hors le cas de résistance, la sévérité à employer n'eût pas excédé la punition des usurpateurs en chef, et l'arrestation des hommes dangereux, dont le comité insurrecteur avait fait faire la nomenclature.

Aux préparatifs, jugés nécessaires pour renverser l'échafaudage construit par la nouvelle aristocratie, il avait fallu joindre ceux qui paraissaient les plus propres à rendre la révolution de Paris commune à toute la République, et à y établir les institutions de l'égalité et la souveraineté du peuple.

Dès le commencement de son existence, le comité insurrecteur s'était occupé des départements et des armées; partout il avait fait circuler ses écrits; partout les démocrates connaissaient ses projets et étaient prêts à y coopérer. Il y avait auprès d'un membre du comité, une correspondance volumineuse qui indiquait les lieux où les démocrates étaient en force, et les hommes en qui on pouvait placer le plus de confiance; de toute part on apprenait que les révolutionnaires, abandonnant les nuances d'opinion qui les avaient divisés, se ralliaient unanimement au parti de la pure égalité.

A l'égard des armées, le comité savait combien les commissaires de la Convention avaient eu de peine à étouffer, après le 9 thermidor, ce qu'ils appelaient *l'esprit d'anarchie et d'insubordination;* il n'ignorait pas que la constitution de l'an III avait fait murmurer des armées entières; il était instruit que les soldats supportaient impatiemment le commandement des officiers réintégrés à la suite du 9 thermidor, et que, parmi les chefs, dont quelques-uns correspondaient avec lui, il y en avait plusieurs qui étaient encore fortement attachés aux principes de la démocratie[1]; il était d'ailleurs autorisé à compter sur le concours de quelques conventionnels, que le Directoire exécutif avait envoyés auprès des armées de la République.

Les premiers soins des insurgés, après la victoire, eussent été de se concilier l'opinion du peuple, de placer partout l'autorité en des mains dévouées aux principes de la nouvelle révolution, de ne pas laisser aux ennemis bien connus de l'égalité, le temps d'ourdir les complots auxquels ils n'auraient pas manqué d'avoir recours.

A cet effet, le comité avait arrêté le plan d'une proclamation aux Français, dont un de ses membres écrivait les premières lignes, lorsqu'il fut saisi par les satellites de la tyrannie[2]. Par cette proclamation, on devait mettre sous les yeux du peuple le long tissu de crimes, au moyen desquels l'égalité et les droits des citoyens avaient été indignement outragés; montrer que les causes des maux publics, que la révolution qu'ils avaient amenée n'avait pas encore déracinés,

1. Ils n'étaient pas encore, dit Buonarroti dans une note, couverts des dépouilles de la Suisse, de l'Italie, de l'Egypte, de l'Allemagne et de l'Espagne. On peut ajouter qu'ils n'étaient pas encore démoralisés par l'esprit nouveau qu'introduisit dans l'armée Bonaparte. L'odieuse proclamation du général Bonaparte à l'armée d'Italie, marque la date précise où les légions révolutionnaires de la France se transformèrent en armées de proie et de conquête, où les patriotes firent place aux prétoriens. — A. R.

2. Voici ces lignes : « Le comité insurrecteur du salut public. Le peuple a vaincu, la tyrannie n'est plus, vous êtes libres.... » Ici l'écrivain fut arrêté et saisi. (Buonarroti.)

étaient toutes dans l'inégalité et dans les vices qu'elle enfante; proposer à la nation la conduite du peuple de Paris comme le modèle qu'elle devait suivre; appeler hautement les Français à l'égalité, et prendre solennellement l'engagement de la leur assurer, moyennant quelques mois de calme, de courage, de patience et de docilité.

La même proclamation eût érigé en principe de législation le décret du peuple parisien en insurrection, et eût consacré la constitution de 1793 comme le dernier terme du nouveau régime politique; sauf quelque supplément et l'établissement préalable des institutions, sans lesquelles la constitution la plus populaire sera toujours un corps sans âme, en butte à la fureur des factions.

Voici quelques-unes des dispositions dont cette proclamation devait être suivie :

Dissolution immédiate de toutes les autorités civiles et judiciaires et mise hors la loi de tout individu qui eût osé en exercer les fonctions;

Rétablissement subit des commissions exécutives des administrations de département et de district, des municipalités, des comités révolutionnaires, des justices de paix et des tribunaux criminels, tels qu'ils étaient avant le 9 thermidor de l'an II;

Ordre à tout citoyen, exerçant à cette époque des fonctions quelconques dans les autorités ci-dessus, de les reprendre à l'instant, sauf le cas d'empêchement légitime;

Exclusion de tout emploi public, sous peine de mort, de tout individu connu pour avoir augmenté sa fortune dans l'exercice d'une fonction publique quelconque;

Publication de l'acte insurecteur dans toute la République;

Application à toute la République des art. 1, 2, 18 et 19 dudit acte;

Apposition des scellés sur toutes les caisses nationales;

Abolition de tout impôt direct et des patentes, à compter du 1er vendémiaire an IV, en faveur des citoyens qui, exerçant eux-mêmes les travaux de l'agriculture et des arts de première nécessité, n'avaient que le simple nécessaire pour eux et pour leur famille;

Répartition progressive sur les riches de la totalité des contributions directes précédemment frappées;

Recouvrement de ces contributions en nature;

Payement en nature des baux des biens nationaux;

Établissement de magasins publics dans chaque commune et de grands magasins militaires à 20 lieues des frontières couvertes par les armées;

Invitation à tous les citoyens de donner à la patrie des effets d'habillement pour ses défenseurs;

Ordre aux municipalités de veiller à ce qu'aucune partie du territoire ne restât inculte;

Déchéance au profit du peuple des propriétaires qui négligeraient de cultiver leurs terres selon l'usage du pays;

Suspension de la vente des biens nationaux[1];

Abolition immédiate de tout traitement en argent dans l'intérieur de la République.

Fourniture du nécessaire en nature aux agents publics dont les besoins seraient prouvés;

Semblable fourniture aux familles indigentes des défenseurs de la patrie et à tous les vieillards ou infirmes pauvres;

Exhortation aux riches de céder de bonne grèce à la voix impérieuse de la justice, d'épargner à la patrie des déchirements et à eux-mêmes une longue suite de maux, et de se réduire au simple nécessaire par un généreux abandon de leur superflu au peuple;

Oubli de tout fait ou opinion contraire à l'égalité, à l'égard de ceux qui, dans un délai déterminé, eussent prouvé, d'une manière non équivoque, un retour sincère à la vérité et à la patrie;

Réintégration dans les maisons d'arrêt, sous peine d'être mis hors la loi, de tous ceux qui étaient détenus le 8 thermidor de l'an II, à moins qu'ils n'eussent cédé à l'exhortation de se réduire au nécessaire en faveur du peuple;

1. Cette vente était en ce moment tout entière aux mains de spéculateurs et d'agioteurs de la pire espèce. — A. R.

Révocation de tous les décrets rendus depuis le 9 thermidor en faveur des émigrés ou accusés d'émigration, des conspirateurs ou leurs héritiers;

Arrestation de tout individu connu pour avoir exécuté ou provoqué, depuis le 9 thermidor, l'assassinat des républicains.

Ce n'était là que le commencement des grandes réformes que méditait le comité insurrecteur; ce n'était que le passage forcé de l'autorité publique en des mains populaires.

Ce comité comptant conserver après l'insurrection une utile influence dans les délibérations, s'était occupé d'un plan d'opérations immédiates et préparatoires de la législation définitive à laquelle il désirait arriver; je vais en donner une légère idée.

On eût envoyé, sans délai, dans les départements et aux armées, des commissaires généraux, pris hors de la nouvelle Convention, revêtus d'amples pouvoirs, chargés de vaincre toutes les résistances par la force des républicains; autorisés à employer à propos la sévérité et l'indulgence; armés du pouvoir de destituer, d'envoyer en jugement, de récompenser; astreints à déclarer, avant d'entrer en fonctions, l'état de leur fortune, et responsables de leur conduite à un tribunal spécial, érigé tout exprès pour recevoir le compte de leur gestion, et punir ceux qui auraient méconnu le but de leur mission.

On regardait comme un objet de la plus haute importance la prompte réunion auprès de l'autorité insurrectionelle d'un séminaire normal où les citoyens des départements seraient venus, dans un ordre déterminé, puiser les principes de la nouvelle révolution, se pénétrer de l'esprit des réformateurs et apprendre à diriger par la conviction publique, l'exécution des lois qui devaient changer la face de la nation.

Aux commissaires généraux allait être confié le soin important d'éclairer et réunir les républicains et surtout de leur faire partager les vues et l'esprit des directeurs de l'insurrection; ils devaient se les attacher par la sagesse de leurs mesures, par la chaleur de leur zèle, par leur désintéressement et par des mœurs irréprochables. En véritables apôtres, ils eussent porté la lumière de l'égalité dans toutes les communes, et particulièrement dans les sociétés populaires qu'ils devaient ouvrir, et dont on désirait que l'opinion devançât les actes réformateurs du législateur.

Cinq projets de décrets révolutionnaires étaient soumis à la discussion du comité insurrecteur, au moment de sa dissolution, savoir :

Projet d'un décret de police,
— — militaire,
— — sur l'éducation,
— — économique,
— — sur les fêtes nationales.

Par la vigueur du décret de police, on voulait effrayer et déconcerter ceux qui eussent été tentés de renouveler les scènes qui ensanglantèrent la République après le 31 mai 1793. Tel était le but des camps intérieurs, de l'armement général des citoyens et de la nouvelle formation de la garde nationale. Tous ceux qui n'étaient pas intéressés au succès complet de la réforme allaient être réduits à la plus profonde impuissance. Aussi, tout homme qui ne servait pas la cité par un travail utile, en eût été exclu. On songeait enfin à faciliter l'exécution du plan général par le concours même des mécontents qui eussent été forcés d'y chercher, à leur corps défendant, la seule voie de salut.

Du décret militaire devait résulter une sorte d'éducation républicaine pour la jeunesse qui ne pouvait plus en recevoir les bienfaits dans les maisons d'éducation ; ce décret renfermait, entre beaucoup d'autres articles, les suivants :

Tout Français sert activement dans l'armée, depuis l'âge de vingt ans jusqu'à vingt-cinq ;

Nul ne peut exercer un commandement dans l'armée, s'il n'a pas porté les armes, comme simple soldat, pendant... ans ;

Les subordonnés concourent, dans chaque corps, à la nomination de leurs chefs périodiquement amovibles;

Il n'y a plus de solde militaire en argent;

La République fait distribuer journellement une ration militaire à tout individu composant l'armée;

Elle loge, habille, éclaire, chauffe, blanchit et entretient également tous les défenseurs de la patrie;

La ration militaire est la même que celle des fonctionnaires publics;

Les défenseurs de la patrie vivent en commun, sous la direction de leurs chefs et d'après les règles qui seront établies;

Le pillage individuel est défendu; tout défenseur de la patrie promet, avant d'entrer en campagne, de rapporter aux administrateurs de l'armée tout ce qu'il pourra légitimement enlever à l'ennemi;

Après des fatigues extraordinaires, les militaires qui les ont endurées, reçoivent une distribution plus copieuse de vivres;

L'insubordination est punie de mort;

Sont punis de la même peine les généraux et officiers qui se rendent coupables de vol, d'ivresse, de viol, de jeu, de mépris des lois, de voies de fait et d'actes arbitraires envers leurs subordonnés;

Il sera établi, dans les armées, des travaux, des études et des fêtes;

La République décerne des récompenses aux actions d'éclat;

Tous les citoyens sont exercés au maniement des armes et aux évolutions militaires.

Le décret sur l'éducation était destiné à être mis sur-le-champ à exécution sur le plan dont nous avons parlé. En effet il n'y avait point de ménagement à garder envers l'enfance qui, n'ayant pas d'habitudes formées, était prête à contracter toutes celles qu'on voulait lui donner.

Toute la difficulté se réduisait à cet égard à vaincre la répugnance de quelques familles et à trouver un nombre suffisant d'hommes capables de diriger les maisons d'éducation dans l'esprit de la réforme.

On espérait venir à bout du premier obstacle par l'influence des républicains, par l'enthousiasme qu'allait réveiller la propagation des principes de l'égalité, par le soulagement immédiat que cette mesure allait apporter à la classe indigente et par l'évidence des avantages qu'elle allait assurer aux enfants.

Quant au bon esprit, à la moralité et à la capacité de ceux à qui on allait confier la direction des maisons d'éducation, on comptait s'en assurer à l'aide du séminaire normal où l'on devait employer à les former le temps nécessaire pour faire agréer au peuple le nouveau système et pour disposer les lieux où la jeunesse allait être réunie.

Obtenons, disait le comité insurrecteur, que les jeunes gens et les soldats s'affectionnent aux mœurs de l'égalité, et le plus important sera fait : car, dans quelques années, ces jeunes gens et ces soldats composeront presque la totalité de la nation ; cependant, afin de ne pas rendre inutiles les bonnes dispositions que leur aura données l'éducation nationale, ne souffrons pas qu'en entrant dans la société, ils y trouvent un ordre qui en contrarie les effets ; que la destruction de l'esprit de propriété commence dès ce moment et marche de front avec les progrès de la jeunesse et de l'armée dans les doctrines et dans les mœurs de l'égalité. C'est à quoi le comité destinait le décret économique.

Ce décret embrassait toutes les parties de l'administration publique ; l'agriculture, les arts, le commerce, la navigation, les finances et les travaux publics étaient de son ressort et allaient en recevoir une nouvelle vie.

On sait que l'établissement de la grande et parfaite communauté nationale était le dernier but des travaux du comité. Cependant il se serait bien gardé d'en faire l'objet d'un ordre le lendemain de son triomphe, et de contraindre les opposants à y prendre part; toute violence individuelle, tout changement non ordonné par les lois eût été interdit et puni. Le comité pensait que le législateur devait se conduire de manière à déterminer le peuple entier à proscrire la propriété par besoin et par intérêt.

Mais comment amener tant d'hommes dépravés par l'oisiveté, par les jouissances factices et par la vanité, à désirer un état de simplicité auquel ils avaient opposé une si vive résistance? En établissant par les lois, répondait le comité, un ordre public dans lequel les riches, tout en gardant leurs biens, ne trouvent plus ni abondance, ni plaisirs, ni considération. Faisons, ajoutait-il, en sorte que tous les hommes laborieux jouissent, moyennant un travail très-modéré et sans recevoir de salaire, d'une honnête et inaltérable aisance, et le bandeau tombera bientôt des yeux des citoyens égarés par les préjugés et par la routine ; alors il arrivera que les propriétaires des biens ou des signes, forcés d'offrir une main-d'œuvre supérieure à l'entretien commode et gratuit assuré par la République, et de dépenser la plus grande partie de leurs revenus en frais de culture et de préparations et en impôts, ne pouvant plus se procurer ni un plaisir ni un service, accablés sous le poids des taxes progressives, éloignés des affaires, privés de toute influence, méprisés, ne formant plus dans l'état qu'une classe suspecte d'étrangers, ou émigreront en abandonnant leurs biens, ou se hâteront de sceller de leur propre adhésion l'établissement pacifique et universel de la communauté.

Appelons à nous, ajoutait le comité insurrecteur, les petits propriétaires, les marchands peu fortunés, les journaliers, les laboureurs, les artisans, tous les malheureux que nos vicieuses institutions condamnent à une vie surchargée de fatigue, de privations et de peines; qu'ils renaissent à l'humanité ; que la patrie assure immédiatement à tous ceux qui lui consacreront franchement leurs facultés et leurs travaux une existence commode, à l'abri des revers, et débarrassée des craintes et des soucis qui ne sont pas moins les effets de la propriété que de la misère ; créons dès ce moment une grande communauté nationale, dotons-la d'un immense territoire, incorporons-y tous les immeubles sur lesquels la nation ou les communes ont des droits à exercer ; conférons à ceux qui lui feront un abandon absolu de leurs personnes et de leurs biens le droit imprescriptible à tout ce qui constitue un bonheur que tous peuvent partager ; veillons à ce que ce bonheur soit réel et prompt; empêchons que les beaux-esprits ne viennent le troubler par des sophismes et des exagérations; forçons toutes les branches de l'autorité à marcher dans le sens de l'égalité; recevons dans le sein de la patrie tous ceux qui s'y jetteront avec sincérité; tarissons toutes les sources d'où l'orgueil pourrait encore tirer de quoi étaler, aux yeux du peuple, un faste trompeur; rendons l'or plus onéreux que le sable et les pierres; frappons hardiment les premiers coups et laissons au désir naturel du bonheur et de la sagesse, aidé par l'enthousiasme public, à achever successivement une si sublime entreprise.

Cette opération préparatoire étant une fois consommée, la nation n'eût existé que dans les participants à la communauté; mais tout portait le comité insurrecteur à penser qu'elle ne tarderait pas à se confondre avec la nation entière, par la rentrée successive des défenseurs de la patrie, par l'incorporation des biens des non participants décédés et par l'heureux changement d'opinion qui eût été infailliblement la suite d'une semblable réforme. Le jour fût bientôt arrivé où l'obligation et la contrainte eussent pu succéder sans danger aux exhortations, à l'exemple, et à la force de la nécessité: dès lors le mot *propriétaire* n'eût pas tardé à devenir barbare pour les Français.

En parlant des assemblées du peuple, nous avons fait mention des fêtes nationales et des principes sur lesquels le comité comptait les instituer. Le même esprit régnait dans le projet révolutionnaire qu'il discuta peu de temps avant sa dissolution. Ces fêtes eussent été nombreuses et variées; chaque jour de repos eût eu la sienne. Dans l'opinion du comité, il importait souverainement à la cause de l'égalité de tenir sans cesse les citoyens en haleine, de les attacher à la patrie en leur faisant aimer ses cérémonies, ses jeux et ses amusements, d'écarter l'ennui de tous les moments de loisir et d'entretenir par de fréquentes communications les sentiments de fraternité entre toutes les parties de la République.

De l'affermissement de ces institutions et surtout de celles que le décret économique allait créer, dépendait, selon la manière de voir du comité, l'accomplissement de la révolution et l'exercice complet de la souveraineté populaire; c'est-à-dire que le jour où le peuple eût joui paisiblement de l'égalité, eût été celui où il aurait pu exercer, dans toute sa plénitude, le droit de délibérer sur les lois, consacré par la constitution de 1793.

Une foule de détails se sont effacés de ma mémoire; elle n'a conservé le souvenir que des traits les plus saillants et une idée bien nette de la progression successive et simultanée des institutions et de la constitution. On sentira facilement que le comité insurrecteur lui-même ne pouvait ni prévoir toutes les mesures que les circonstances auraient pu rendre nécessaires, ni déterminer d'avance l'époque où la tâche du réformateur eût été finie.

IV

ARRESTATION, PROCÈS ET CONDAMNATION DES CONJURÉS.

Tant d'efforts auxquels on ne refusera pas le mérite de quelque vertu, furent rendus vains par la trahison de Grisel; aidés par les ruses de ce perfide, les oppresseurs de la France firent arrêtés, le matin du 21 floréal de l'an IV; la plupart des chefs de la conspiration, Babeuf et Buonarroti furent saisis au milieu de quelques papiers, dans la chambre où ils avaient passé la nuit à méditer et à préparer l'insurrection et la réforme; Darthé, Germain, Didier, Drouet et plusieurs autres le furent, en même temps, chez Dufour où ils étaient assemblés pour fixer le jour du mouvement populaire. L'armée de l'intérieur sous les armes protégeait l'expédition contre la démocratie, et le peuple parisien, à qui l'on fit croire qu'on venait d'arrêter des voleurs, fut spectateur immobile de l'emprisonnement des conjurés, dont il essaya inutilement, quelque temps après, de briser les fers.

L'emprisonnement des conspirateurs et le récit de la conspiration produisirent des sentiments différents; affliction et stupeur chez les opprimés, frémissement d'horreur et joie féroce dans les classes élevées, qui poussèrent des hurlements de mort contre les *babouvistes*. De nombreux papiers saisis auprès de Babeuf firent entrevoir à l'aristocratie le moyen d'anéantir le parti qu'elle redoutait.

En peu d'instants les cachots de l'Abbaye se remplirent de prévenus, qui y furent traînés à travers les marques du plus vif intérêt que leur prodiguaient le peuple et les soldats. La foule encombra pendant plusieurs jours les rues adjacentes à cette prison; mais bientôt les détenus furent séparés, et ceux qui parurent les plus compromis furent mis au secret dans les tours du Temple. Ils s'attendaient généralement à périr sous les coups d'une commission militaire; Drouet les en préserva.

Par la constitution de l'an III, un député ne pouvait être jugé que sur une accusation du Corps législatif et par une haute-cour de justice dont les jurés étaient au choix des assemblées électorales des départements. Il fallait plusieurs mois pour former ce tribunal extraordinaire qui ne pouvait siéger près de la commune où résidait le gouvernement.

Drouet prévenu était député, et on fut forcé de surseoir au jugement des autres jusqu'à ce qu'on sût si, étant accusé, il n'entraînerait pas à son tribunal ceux dont il paraissait être complice.

Deux jours après son emprisonnement, Babeuf adressa au Directoire exécutif la lettre suivante :

Paris, 23 floréal an IV de la République.

G. BABEUF, AU DIRECTOIRE EXÉCUTIF.

« Regarderiez-vous au-dessous de vous, citoyens directeurs, de traiter avec moi comme de *puissance* à *puissance?* Vous avez vu à présent de quelle vaste confiance je suis le centre! Vous avez vu que mon parti peut bien balancer le vôtre! Vous avez vu quelles immenses ramifications y tiennent! J'en suis plus que convaincu, cet aperçu vous a fait *trembler*.

« Est-il de votre intérêt, est-il de l'intérêt de la patrie de donner de l'éclat à la conjuration que vous avez découverte? Je ne le pense pas. Je motiverai comment mon opinion ne peut être suspecte.

« Qu'arriverait-il, si cette affaire paraissait au grand jour? Que j'y jouerais le plus glorieux de tous les rôles : j'y démontrerais avec toute la grandeur d'âme, avec l'énergie que vous me connaissez, la sainteté de la conspiration dont je n'ai *jamais nié d'être membre*. Sortant de cette route lâche et frayée des dénégations dont le commun des accusés se sert pour parvenir à se justifier, j'oserais développer les grands principes, et plaider les droits éternels du peuple avec tout l'avantage que donne l'intime pénétration de la beauté de ce sujet; j'oserais, dis-je, démontrer que ce procès ne serait pas celui de la justice, mais celui du fort contre le faible, des oppresseurs contre les opprimés et leurs magnanimes défenseurs. On pourrait me condamner à la déportation, à la mort; mais mon jugement serait aussitôt réputé prononcé par le crime puissant contre la vertu faible; mon échafaud figurerait glorieusement à côté de celui de Barnevelt et de Sidney. Veut-on, et dès le lendemain de mon supplice, me préparer des autels auprès de ceux où l'on révère aujourd'hui comme d'illustres martyrs, les *Robespierre* et les *Goujon?* Ce n'est point là la voie qui assure les gouvernements et les gouvernants.

« Vous avez vu, citoyens directeurs, que vous ne tenez rien lorsque je suis sous votre main; je ne suis pas toute la conspiration, il s'en faut bien : je ne suis même qu'un simple point de la longue chaîne dont elle se compose. Vous avez à redouter toutes les autres parties autant que la mienne : cependant vous avez la preuve de tout l'intérêt qu'elles prennent à moi; vous les frapperiez toutes en me frappant, et vous les irriteriez.

« Vous irriteriez, dis-je, toute la démocratie de la République française; et vous savez encore que ce n'est pas si peu de chose que vous ayiez pu d'abord l'imaginer : reconnaissez que ce n'est pas seulement à Paris qu'elle existe fortement; voyez qu'il n'est pas un point des départements où elle ne soit puissante. Vous la jugeriez bien mieux, si vos captureurs avaient *saisi la grande correspondance* qui a mis à portée de former des nomenclatures dont vous n'avez aperçu que quelques fragments. On a eu beau vouloir comprimer le feu sacré; il brûle, et il brûlera; plus il paraît dans certains instants anéanti, plus sa flamme menace de *se réveiller subitement* forte et explosive.

« Entreprendriez-vous de vous délivrer en total de cette vaste secte sans-culottide qui n'a pas encore voulu se déclarer vaincue? Il faudrait d'abord en supposer la possibilité; mais où vous trouveriez-vous ensuite? Vous n'êtes pas tout à fait dans la même position que celui qui déporta, après la mort de Cromwell, quelques milliers de républicains anglais. Charles II était roi, et quoi qu'on en ait dit, vous ne l'êtes pas encore; *vous avez besoin d'un parti pour vous soutenir; et, ôtez celui des patriotes, vous êtes exclusivement vis-à-vis du royalisme*. Que de chemin croyez-vous qu'il vous ferait voir, si vous étiez seuls contre lui?

« Mais, direz-vous, les patriotes nous sont aussi dangereux que les royalistes, et peut-être plus. Vous vous trompez; remarquez bien le caractère de l'entreprise des patriotes, vous n'y distinguerez pas qu'ils voulaient votre mort, et c'est une calomnie de l'avoir fait publier. Moi, je puis vous dire qu'ils ne la voulaient pas; ils voulaient marcher par d'autres voies que celles de Robespierre : ils ne voulaient point de sang; ils voulaient vous forcer à confesser vous-mêmes que vous avez fait du pouvoir un usage oppressif, que que vous en avez écarté toutes les formes et les sauve-gardes populaires, et ils voulaient vous le reprendre : ils n'en seraient point venus là, si, comme vous aviez semblé le promettre après vendémiaire, vous vous étiez mis en mesure de gouverner populairement.

« Moi-même, par mes premiers numéros, je vous en avais voulu ouvrir la porte : j'avais dit comment j'entendais que vous auriez pu vous couvrir des bénédictions du peuple : j'avais expliqué comment il me paraissait possible que vous fissiez disparaître tout ce que le caractère constitutionnel de votre gouvernement offre de contraste avec les véritables principes républicains.

« Eh bien! il en est temps encore : la tournure de ce dernier événement peut devenir profitable et salvatrice pour vous-mêmes et pour la chose publique. Dédaigneriez-vous mon avis et mes conclusions, qui sont que l'intérêt de la patrie et le vôtre consistent à ne point donner de célébrité à l'affaire présente? J'ai cru apercevoir que c'est aussi déjà votre avis de la traiter politiquement : il me semble que vous ferez bien. Ne croyez pas intéressée la démarche que je fais : la manière franche et neuve dont je ne cesse de me déclarer coupable dans le sens que vous m'accusez, vous fait voir que je n'agis point par faiblesse : la mort ou l'exil seraient pour moi le chemin de l'immortalité, et j'y marcherai avec un zèle héroïque et religieux; mais ma proscription, mais celle de tous les démocrates, ne vous avanceraient point et n'assureraient pas le salut de la République. J'ai réfléchi qu'au bout du compte vous ne fûtes pourtant pas constamment les ennemis de cette République; vous fûtes même évidemment républicains de bonne foi : pourquoi ne le seriez-vous pas encore? Pourquoi ne croirait-on pas que vous, qui êtes hommes, ne vous seriez pas temporairement égarés comme d'autres par l'effet assez inévitable d'exagérations différentes des nôtres, dans lesquelles les circonstances vous ont jetés? Pourquoi enfin ne reviendrions-nous pas tous de notre état extrême, et n'embrasserions-nous pas un terme raisonnable? Les patriotes, la masse du peuple, ont le cœur ulcéré; faut-il le leur déchirer encore plus? Quel en serait le dernier résultat? Ne mériteraient-ils pas bien, ces patriotes, au lieu qu'on aggrave leurs blessures, qu'on songe enfin à les guérir? Vous aurez, quand il vous plaira, l'initiative du bien, parce qu'en vous réside toute la force de l'administration publique. Citoyens directeurs, gouvernez populairement; voilà tout ce que ces mêmes patriotes vous demandent. En parlant ainsi pour eux, je suis sûr qu'ils n'interrompront point ma voix; je suis sûr de n'être pas par eux démenti. Je ne vois qu'un parti sage à prendre : déclarez qu'il n'y a point eu de conspiration sérieuse. Cinq hommes, en se montrant grands et généreux, peuvent aujourd'hui sauver la patrie. Je vous réponds encore que les patriotes vous couvriront de leurs corps, et vous n'aurez plus besoin d'armées entières pour vous défendre. Les patriotes ne vous haïssent pas, ils n'ont haï que vos actes impopulaires : je vous donnerai aussi alors, pour mon propre compte, une garantie aussi étendue que l'est ma franchise perpétuelle. Vous savez quelle mesure d'influence j'ai sur cette classe d'hommes, je veux dire les patriotes : je l'emploierai à les convaincre que si vous êtes peuple, ils doivent ne faire qu'un avec vous.

« Il ne serait pas si malheureux que l'effet de cette simple lettre fût de pacifier l'intérieur de la France. En prévenant l'éclat de l'affaire dont elle est le sujet, ne préviendrait-on pas en même temps ce qui s'opposerait au calme de l'Europe?

« *Signé :* G. BABEUF. »

Depuis longtemps il était évident, et la découverte de la conspiration venait d'en fournir de nouvelles preuves, que la proscription des doctrines démocratiques avait causé une grande division parmi les anciens amis de la révolution, et qu'elle éteignait de plus en plus le zèle du peuple pour la défendre.

Cet état de choses, augmentant les chances favorables au parti royaliste soutenu par l'étranger, aurait dû, ce semble, tempérer la fierté des chefs de la nouvelle aristocratie, et les amener à adopter des modifications législatives qui, en leur rattachant les démocrates et par eux le peuple, eussent épargné à la République les luttes qui lui furent si funestes, et à eux-mêmes les malheurs dont ils ont été enfin atteints. C'était là ce que proposait Babeuf, autant dans la vue d'épargner ses amis que dans celle de rendre à l'esprit républicain la vigueur qui s'évanouissait. Mais l'orgueil effrayé peut-il écouter les conseils de la prudence? Le nouveau gouvernement ferma les yeux, et, dédaignant de faire sagement en arrière un pas qui lui eût gagné l'affection du peuple qu'il n'eut jamais, il se livra imprudemment à une fureur aveugle, et la poussa jusqu'à prêter, en dépit du bon sens et de l'opinion, les intentions du royalisme aux citoyens que le royalisme abhorrait, et à proscrire en eux les seuls hommes de qui la République pouvait raisonnablement attendre un véritable et nécessaire dévouement.

Les révolutionnaires aristocrates ne songèrent qu'à profiter momentanément de la victoire qu'ils devaient à une infâme trahison, pour écraser le parti qui condamnait leur usurpation. Drouet fut mis en accusation et renvoyé par devant la haute-cour de justice dont on fixa le siége à Vendôme.

Nul, disait la constitution de l'an III, *ne peut être distrait des juges que la loi lui assigne par aucune commission ou par d'autres attributions que celles qui sont déterminées par une loi antérieure.* Néanmoins une loi postérieure à la découverte de la conspiration décida que le député entraînerait ses coaccusés devant la haute-cour qui n'était pas le tribunal que la loi leur avait assigné.

Il y a, disait encore la même constitution, *pour toute la République un tribunal de cassation qui prononce sur les jugements rendus en dernier ressort par tous les tribunaux.* Cependant la loi susdite ordonna que les jugements de la haute-cour, qui était bien un tribunal, ne seraient pas sujets à cassation.

Ces dispositions contraires à la lettre de la constitution furent attribuées par les consorts de Drouet à la crainte qu'eut le gouvernement d'un débat public sous les yeux du peuple de Paris, et considérées par eux comme les effets de cette animosité qui éclata pendant la discussion, et fit dire à un législateur furieux : *Il n'y faut pas tant prendre garde pour des factieux*; et à un autre non moins passionné : *Il faudrait trop de temps si on voulait procéder contre des factieux avec toutes les formes.*

Cinquante-neuf citoyens, sur lesquels dix-sept étaient contumax, furent mis en accusation à Paris ; beaucoup avec une légèreté inexcusable. En même temps on épiait dans toute la République les moindres prétextes pour grossir le nombre des accusés dont les puissants se flattaient que la haute-cour ferait une hécatombe. Cherbourg, Arras, Rochefort, Bourg et Saintes fournirent leur contingent en accusés, si évidemment étrangers à l'affaire qu'on ne put leur adresser une ombre de reproche.

Tandis qu'on préparait à Paris la tragédie qui allait être jouée à Vendôme, les démocrates parisiens s'agitèrent pour délivrer leurs compagnons : Drouet se sauva de la prison de l'Abbaye, à l'aide d'un guichetier républicain; mais l'évasion des prisonniers du Temple, qui avait été concertée avec les soldats préposés à leur garde, échoua, faute de l'accord nécessaire.

Pache fut le seul homme, hors de prison, qui embrassa ouvertement, dans un écrit imprimé [1], les opinions et la cause des accusés. Quelques écrivains périodiques opposèrent une faible digue au torrent d'invectives qu'on faisait pleuvoir sur les détenus; mais ils le firent maladroitement et sans courage, tantôt en niant des faits évidents, tantôt en insinuant que le gouvernement avait été le provocateur secret de la conspiration : jamais ils n'osèrent aborder la question de la légitimité des efforts des conspirateurs, et justifier leurs véritables intentions.

Dans la nuit du 9 au 10 fructidor de l'an IV, tous les accusés détenus à Paris furent transférés à Vendôme; l'état-major de la place les fit fouiller minutieusement sous ses yeux, et les déposa lui-même dans des cages grillées construites exprès pour les donner, comme des bêtes féroces, en spectacle aux ennemis de l'égalité et aux hommes trompés que ceux-ci ameutaient contre eux. Le convoi traversa Paris au milieu d'une nombreuse armée, et fut escorté dans toute la route par un fort détachement de gendarmerie et par des régiments de cavalerie. Les femmes, filles et sœurs des accusés, qui les suivirent à pied, essuyèrent fréquemment les

1. Voici le titre de la brochure à laquelle Buonarroti fait allusion : *Sur les Factions et les partis, les conspirations et les conjurations et sur celles à l'ordre du jour*, par J. N. Pache. Cet acte de courage fait honneur à Pache qui fut le grand administrateur militaire de la Révolution, et avec Bouchotte le véritable organisateur de la victoire. — A. R.

rigueurs de l'atmosphère et les sarcasmes des aristocrates. Ils eurent eux-mêmes autant à souffrir de la brutalité de l'officier qui commandait leur escorte, qu'ils eurent à se louer de l'accueil plein d'égards qu'ils reçurent des administrations municipales de Chartres et de Châteaudun.

A Vendôme, on avait préparé tout exprès un tribunal et une vaste maison de justice dans laquelle les accusés présents furent enfermés le soir du 13 fructidor : Antonelle et Fion, arrêtés depuis la mise en accusation, ainsi que les accusés venus de Rochefort, de Cherbourg et d'Arras, y entrèrent successivement quelque temps après.

Des troupes de toute arme gardaient avec une grande sévérité les approches de la prison et les avenues de la ville, dont une loi du moment interdisait l'accès à dix lieues à la ronde ; on eût voulu enlever aux débats qui allaient s'ouvrir toute espèce de publicité.

Le temps qui s'écoula entre l'arrivée des accusés et l'ouverture des séances de la haute-cour, fut employé par elle à se constituer, à interroger, à instruire les contumaces, à former le jury, et à juger les demandes et les déclinatoires présentés par les accusés. Ceux-ci en profitèrent pour protester, pour convenir des récusations qu'ils avaient le droit d'exercer, et pour concerter et préparer leurs défenses.

Par les décrets peu constitutionnels dont il a été parlé plus haut, on avait ouvert un vaste champ aux protestations des accusés ; plusieurs d'entre eux, en déclinant la compétence de la haute-cour, entrevirent la possibilité d'élever entre elle et le Corps législatif une contestation qui eût pu amener des événements favorables à la cause populaire ; vaine espérance ! La haute-cour se déclara compétente.

Sur la totalité des jurés nommés par les assemblées électorales des départements, trente récusations non motivées pouvaient être exercées par les accusés. C'était une opération fort grave de laquelle pouvait dépendre le sort d'un grand nombre d'entre eux.

A l'aide des renseignements incomplets et souvent inexacts recueillis dans les départements, les accusés convinrent, par une délibération commune, des noms à rejeter ; trente se les distribuèrent, afin que chacun d'eux en récusât un.

Cependant, les élections de l'an IV ayant été faites en beaucoup de lieux en l'absence des républicains proscrits ou violemment expulsés des assemblées, et sous l'influence des ennemis de la révolution, il était impossible de ne laisser sur le tableau des jurés que de vrais amis de la liberté ; force fut de se contenter des moins mauvais. Parmi ceux qui méritaient une confiance entière, les uns furent exclus par le tribunal comme parents d'émigrés ; d'autres, sacrifiant à la peur, feignirent d'être malades et furent excusés : trois assistèrent aux débats.

Dès que Babeuf fut privé de la liberté, sa première pensée fut d'avouer la conspiration et d'en soutenir la légitimité. Elle résulte de ses réponses au ministre de la police qui lui demandait s'il avait eu le dessein de renverser le gouvernement et s'il était associé à quelques personnes pour y parvenir. Les voici : « Intimement convaincu que le gouvernement actuel est oppresseur, j'aurais fait tout ce qui était en mon pouvoir pour le renverser. Je m'étais associé avec tous les démocrates de la République ; il n'est pas de mon devoir d'en nommer aucun. » Interpellé par le même ministre sur les moyens qu'il comptait employer, il répondit : « Tous les moyens légitimes contre les tyrans ; » et, peu après : « Je n'ai pas à donner les détails des moyens qui eussent été employés. Au surplus, ils ne dépendaient pas seulement de moi ; je n'avais que ma voix dans le conseil des tyrannicides. »

Interrogé quelques jours après par le directeur du jury, il répondit ainsi à l'imputation d'être l'auteur de la conspiration : « J'atteste qu'on me fait trop d'honneur en me décorant du titre de chef de la conspiration ; je déclare que je n'y avais même qu'une part secondaire et bornée à ce que je vais dire : je l'approuvai, cette conspiration, parce que je la croyais légitime, parce que je croyais et que je crois encore que le gouvernement actuel est souverainement criminel, usurpateur de l'autorité, violateur de tous les droits du peuple qu'il a réduit au plus chétif dénuement, au plus déplorable esclavage, criminel enfin de lèse-nation au premier chef; et que je croyais et que je crois encore à la sainteté du principe, que c'est un devoir rigoureux pour tous les hommes libres de conspirer contre un tel gouvernement : alors je consentis volontiers à aider de tous mes moyens les chefs et les meneurs d'une conspiration qui se forma contre lui. » Et après avoir établi le rôle qu'il avait joué dans la conspiration, il ajouta : « Voilà des détails qui détruiront sans doute la supposition absurde que j'étais le chef de la conspiration ; et cela fondé sur la seule circonstance que je me trouvais, au moment de mon arrestation, à côté d'une partie des papiers des conspirateurs. Je le répète, ce n'est point que je veuille par là atténuer ma culpabilité ; je ne veux qu'être de bonne foi et ne point paraître avec un rôle plus brillant que je ne mérite, avec un rôle qui n'est pas le mien. Je consens après cela à porter cependant la plus forte peine du crime de tramer contre des oppresseurs ; car j'avoue encore que, quant à l'intention, personne n'a pu conspirer contre eux plus fortement que moi : j'ai la conviction que c'est un crime commun à tous les Français, du moins à toute la partie vertueuse, à tout ce qui ne veut pas de l'affreux système du bonheur d'un très-petit nombre, fondé sur l'opprobre et l'extrême misère de la masse ; je me déclare complétement atteint et convaincu du forfait, et je déclare que c'était celui de tous les conspirateurs que je servais. »

Pendant la longue instruction faite par le directeur du jury, les principaux accusés détenus furent constamment au secret. Dans l'impossibilité de se concerter avec Babeuf, qui était censé le mieux instruit de l'affaire, les autres, de crainte de se contredire ou de se compromettre réciproquement, durent lui abandonner le soin de donner des explications, et se maintenir dans les bornes d'une rigoureuse circonspection. Les uns méconnurent leur propre écriture, d'autres imaginèrent des fables ; Darthé protesta continuellement contre la légalité de la procédure.

Sans la faiblesse de Pillé, arrêté avec Babeuf et Buonarroli, son écriture et celle de quelques prévenus seraient demeurées inconnues. Craignant follement que les nombreuses copies qu'il avait faites des actes du comité insurrecteur dont il avait été le secrétaire, n'attirassent sur sa tête l'accusation d'avoir trempé activement dans le projet, il se hâta de déclarer ce qu'il avait fait et vu, et de faire connaître les auteurs des manuscrits qu'il avait transcrits. Cet accusé, dont la conduite timide eut de funestes conséquences, joua adroitement dans les prisons et pendant les débats, le rôle d'imbécile. Devant la haute-cour, il prétendit qu'un esprit malfaisant l'avait poussé chez Babeuf; il déclara qu'on pouvait avoir un pacte avec un démon pour en être protégé ou pour nuire à quelqu'un, et demanda la parole pour donner, dit-il, des détails. Aucun des accusés vraiment compromis ne chancela devant le danger capital et imminent dont ils étaient ménacés. Tous demeurèrent inébranlables dans leur attachement aux doctrines qu'ils avaient défendues, et dans la résolution de les sceller de leur sang; personne ne fut compromis par leurs déclarations.

A leur arrivée à Vendôme, ils étaient déjà convenus de renoncer à toute réticence, à tout faux-fuyant, à toute dénégation, d'avouer la conspiration et de se borner pour toute défense à en démontrer la légitimité. Ils pensaient devoir ce dernier témoignage à la justice de leur cause, et à la patrie un exemple mémorable de persévérance et de fermeté. D'autres accusés, moins compromis et plus prudents, furent alarmés de ce plan de défense et se mirent en devoir d'en empêcher l'exécution. « Si vous avouez, disaient-ils à leurs camarades, la réalité de la conspiration, le jury pourra-t-il la déclarer non constante? se pourrait-il que, parmi nos jurés, il y en eût quatre qui osassent justifier vos intentions, ou répondre par un pieux mensonge aux questions de fait qui leur seront soumises? Ce serait trop présumer d'hommes élus dans un temps de corruption et de perversité. Si la conspiration est déclarée réelle, n'entraînerez vous pas dans votre perte, nous qui sommes vos amis, et ces nombreux républicains qui sont déjà en butte aux calomnies et aux persécutions? Craignez de mettre la vertu de nos juges à une trop rude épreuve, et offrez-leur au moins un prétexte pour vous absoudre. »

Soit que ces remontrances fissent craindre aux principaux accusés qu'il n'éclatât pendant les débats une funeste division, soit qu'ils reculassent devant l'idée de blesser la patrie en nuisant à leurs amis, soit enfin qu'ils ouvrissent leur cœur au soin de leur propre conservation, le premier plan fut rejeté; et on convint que la conspiration formelle serait niée, que son but serait hypothétiquement défendu, et qu'on tâcherait de donner des explications vraisemblables aux pièces saisies et aux faits prouvés.

Cependant, le témoignage du dénonciateur était détaillé et précis, et quoiqu'il fût unique sur le fond de l'accusation, il était tellement corroboré par les écrits nombreux et accablants des accusés, qu'il semblait impossible que, toute considération politique à part, un homme de bonne foi niât, après le plus léger examen, la réalité de la conspiration.

Dès lors, les accusés gravement compromis se proposèrent de se défendre en soutenant que le concert qu'on prétendait établir, n'avait pas existé, et qu'eût-il été réel, il était dénué de toute criminalité, soit par le défaut de moyens d'exécution, soit parce que, dans l'hypothèse la plus favorable, le but qu'on leur attribuait était légitime et fondé en droit.

Ce que l'on préparait pour les débats, Antonelle [1] l'exécuta d'avance auprès du public. Ce généreux citoyen fit alors le plus noble usage de ses talents et de ses biens. Quoique nulle présomption légale ne s'élevât contre lui, il épousa franchement la cause de ses amis détenus; par de nombreux écrits, il disposa l'opinion à accueillir favorablement leur défense; et, du fond de son cachot, il accusa sans ménagement le gou-

1. Voici en quels termes Charles Nodier parle d'Antonelle à l'occasion du procès de Vendôme : « Antonelle montrait là, devant l'échafaud de Sidney, le flegme dont il avait fait preuve le 13 vendémiaire, en se promenant un livre à la main sur la terrasse des Tuileries. Son calme aisé et noble imposa une sorte de respect qui gagna jusqu'au ministre immédiat de l'accusation; il parla peu, rarement, d'une manière posée et presque insouciante. »

vernement, rendit hommage à la constitution de 1793, justifia les intentions des conspirateurs et osa presque se déclarer leur complice.

A cette malheureuse époque, l'énergie républicaine était presque toute enfermée dans la prison de Vendôme. Là les accusés s'encourageaient mutuellement à servir le peuple par l'exemple d'une inébranlable fermeté, et vivaient dans la fraternité la plus démocratique. Les nuances que l'on remarquait entre les égaux et les ex-conventionnels n'empêchèrent pas que l'harmonie ne fût complète ; elle s'accrut tous les jours par le rapprochement des opinions et par la fidélité avec laquelle chacun remplit son devoir devant le tribunal.

Le soir, des chants républicains auxquels tous les prisonniers prenaient part, retentissaient au loin, et les habitants de Vendôme, attirés par l'intérêt et par la curiosité sur une colline voisine, y mêlaient souvent leurs voix et leurs applaudissements.

Pour des hommes qui avaient tant osé en faveur d'une cause à laquelle ils étaient si dévoués, le sort de la République était nécessairement le sujet permanent de leurs entretiens et de leurs inquiétudes. Un malheur horrible fournit aux unes et aux autres un nouvel aliment. A peine les accusés étaient arrivés à Vendôme, qu'ils apprirent le fatal événement de Grenelle, où, par un infâme guet-apens, perdirent la vie tant de purs démocrates qu'y avait amenés le désir de briser les fers des prisonniers, et de rétablir les droits du peuple. Par cette exécrable boucherie, la puissance de l'aristocratie s'accrut de toute la force qui fut arrachée au parti démocratique.

Peu de temps après, quelques conspirateurs royalistes, émissaires de la dynastie proscrite par les lois, et pris sur le fait, furent traités avec une scandaleuse indulgence par une grande partie de la législature qui les protégeait, et par la commission militaire qui les jugea.

Vers la même époque les tribunaux chargés de juger les contumax du 13 vendémiaire, déclarèrent non constante la conspiration qui ensanglanta ce jour-là la ville de Paris.

Cette condescendance judiciaire déplut au ministère. *Je crains*, disait un de ses membres, *qu'elle ne fasse planche pour les accusés de Vendôme :* c'était surtout d'eux que le gouvernement désirait se défaire.

Enfin les débats furent ouverts le 2 ventôse de l'an v[1] ; quarante-sept accusés étaient présents; dix-huit furent jugés par contumace. Babeuf, Darthé, Buonarroti, Germain, Cazin, Claude Ficquet, Bouin, Fion, Ricord, Drouet, Lindet, Amar, Antonelle, Rossignol et dix autres avaient réellement trempé activement dans la conspiration; cinq y avaient participé indirectement, tous les autres y avaient été absolument étrangers, et ne furent traduits devant la haute-cour que par la fureur du parti qui aurait voulu faire de ce tribunal l'exterminateur de la démocratie.

Accusés présents : Babeuf, Darthé, Germain, Blondeau, Cordas, Frossard, veuve Mounard, Buonarroti, Sophie Lapierre [2], Goulard, Mugnier, Massart, Raybois, Fion, Cochet, Nayez, Boudin, Jeanne Breton, Vadier, Laignelot, Toulotte, Lambert, Lamberté, Pottofeux, Morel, Dufour, Moroy, Clerex, Amar, Philip, Cazin, Nicole Martin, Taffoureau, Drouin, Roy, Pillé, Breton, Didier, Antonelle, Antoine Ficquet, Ricord, Thierry, Adélaïde Lambert, Vergne, Duplay père, Duplay fils, Crépin.

Accusés contumax : Drouet, Lindet, Vacret, Claude Ficquet, Guilhem, Chrétien, Monnier, Reys, Menessier, Mounard, Baude, Bouin, Parrein, Bodson, Lepelletier, Rossignol, Jorry, Cordebar.

Une force nombreuse gardait le tribunal ; chaque accusé était entre deux gendarmes. La salle était vaste, et l'enceinte réservée au public fut toujours remplie de peuple qui applaudit souvent les accusés, jamais les accusateurs.

Il y eut plusieurs défenseurs qui contrarièrent quelquefois les vues des accusés dont ils n'osèrent jamais justifier les

1. Le président de la haute-cour était le citoyen Gandon; les juges les citoyens Coffinhal, Pajon, Moreau et Audiet-Massillon. — A. R.

2. Sophie Lapierre était une chanteuse patriote qui se faisait ordinairement entendre au *Café des Bains chinois*. — A. R.

intentions. Les vrais défenseurs de la cause furent Babeuf, Germain, Antonelle et Buonarroti.

Les femmes généreuses qui avaient suivi les accusés assistèrent assidument à toutes les séances du tribunal.

Parmi les accusés gravement compromis, Darthé seul, plus conséquent que tous les autres, persista dans sa protestation ; jamais il ne reconnut dans la haute-cour le pouvoir de le juger ; il refusa constamment de répondre et de s'expliquer, et se laissa condamner sans se défendre. Après avoir protesté de nouveau devant le jury, il prononça les mots suivants : « Pour moi, si la Providence a fixé à cette époque le terme de ma carrière, je la terminerai avec gloire, sans crainte et sans regret. Que pourrais-je, hélas ! regretter ?... Quand la liberté succombe ; quand l'édifice de la République se démolit pièce à pièce ; quand son nom est devenu odieux ; quand les amis, les adorateurs de l'égalité, sont poursuivis, errants, livrés à la rage des assassins ou aux angoisses de la plus affreuse misère ; quand le peuple, en proie à toutes les horreurs de la famine et de l'indigence, est dépouillé de tous ses droits, avili, méprisé, et languit sous un joug de fer ; quand cette sublime révolution, l'espoir et la consolation des nations opprimées, n'est plus qu'un fantôme ; quand les défenseurs de la patrie sont partout abreuvés d'outrages, nus, maltraités, et courbés sous le plus odieux despotisme ; quand, pour prix de leurs sacrifices, de leur sang versé pour la défense commune, ils sont traités de scélérats, d'assassins, de brigands, et que leurs lauriers sont changés en cyprès ; quand le royalisme est partout audacieux, protégé, honoré, récompensé même avec le sang et les larmes des malheureux ; quand le fanatisme ressaisit avec une nouvelle fureur ses poignards ; quand la proscription et la mort planent sur la tête de tous les hommes vertueux, de tous les amis de la raison, qui ont pris part aux grands et généreux efforts en faveur de notre génération ; quand, pour comble d'horreur, c'est au nom de ce qu'il y a de plus sacré, de plus révéré sur la terre, au nom de l'amitié sainte, de la respectable vertu, de l'honorable probité, de la bienfaisante justice, de la douce humanité, de la Divinité même, que les brigands traînent à leur suite la désolation, le désespoir et la mort ; quand l'immoralité profonde, l'horrible trahison, l'exécrable délation, le parjure infâme, le brigandage et l'assassinat sont officiellement honorés, préconisés et qualifiés du nom sacré de vertu ; quand tous les liens sociaux sont rompus ; quand la France est couverte d'un crêpe funèbre ; quand elle n'offrira bientôt plus à l'œil effrayé du voyageur que des monceaux de cadavres et des déserts fumants à parcourir ; quand il n'y a plus de patrie, *la mort est un bienfait.*

« Je ne lèguerai à ma famille et à mes amis ni l'opprobre ni l'infamie ; ils pourront citer avec orgueil mon nom parmi ceux des défenseurs et des martyrs de la cause sublime de l'humanité. Je l'atteste avec confiance, j'ai parcouru toute la sphère révolutionnaire sans souillure ; jamais l'idée d'un crime ou d'une bassesse n'a flétri mon âme ; lancé jeune encore dans la révolution, j'en supportai toutes les fatigues, j'en portai tous les dangers sans jamais me rebuter, sans autre jouissance que l'espérance de voir un jour fonder le règne durable de l'égalité et de la liberté ; uniquement occupé de la sublimité de cette philanthropique entreprise, je fis la plus entière abnégation de moi-même ; intérêt personnel ; affaire de famille, tout fut oublié, négligé ; mon cœur ne battit jamais que pour mes semblables et le triomphe de la justice. »

Dès le commencement, les accusateurs nationaux firent éclater une haine acharnée, non-seulement contre les accusés, mais aussi contre tout ce qui avait été fait en faveur de la démocratie dans le cours de la révolution. Posant d'abord en fait l'existence d'un faction imaginaire *d'êtres malfaisants, monstres autrefois inconnus, hypocrites, irréligieux, ambitieux, vindicatifs, furieux, calomniateurs, homicides, fils de l'anarchie, nés dans son sein, ne connaissant pas d'autre élément, l'appelant sans cesse et ne souriant qu'à elle*, ils lui attribuèrent tous les mouvements et tous les actes révolutionnaires, et ne craignirent pas de ranger, avant toute discussion, parmi ses membres, les accusés que la haute-cour avait à juger.

Telle avait été, au dire des accusateurs, l'influence de cette faction, que ceux qui les écoutaient ne purent démêler les événements de la révolution qu'ils honoraient de leur approbation. D'après la définition qu'ils donnèrent d'une insurrection légitime, on dut conclure qu'au fond de leur cœur ils n'exceptaient de l'anathème par eux lancé contre les mouvements nationaux, pas même celui du 14 juillet qui était le seul auquel ils paraissaient applaudir.

Il ne fut pas difficile aux accusateurs de prouver, à l'aide de nombreux écrits saisis chez les accusés, le concert qu'ils qualifiaient de conspiration criminelle ; mais, quant à l'intention, élément essentiel du crime, ils s'efforcèrent d'en écarter la discussion, et dans le peu qu'ils en dirent, ils la dénaturèrent par des suppositions et par des inductions hasardées et absurdes. Leur constant objet fut de rendre les accusés méprisables et odieux, et de les empêcher de convaincre la France que leurs vues étaient bienfaisantes, que leur opposition à la constitution de l'an III était légitime, et que leurs tentatives avaient été justes et conformes à l'intérêt général. Que doit-on penser de ces accusateurs qui, chargés de poursuivre au nom de la République les auteurs d'un projet inexécuté, se permirent de justifier la conspiration et la révolte armée qui firent verser, au 13 vendémiaire de l'an IV, le sang de plusieurs milliers de citoyens, et dont le but final était de rétablir la royauté ?

De concert avec les accusateurs, les juges voulant resserrer le débat dans les bornes étroites du fait, interposèrent plusieurs fois leur autorité pour interdire aux accusés toute discussion, même hypothétique, du fond de la conspiration, et tout examen de leurs écrits qui, cependant, étaient présentés par l'accusation comme les principaux et presque les uniques moyens des conspirateurs.

Ainsi un tribunal qui paraissait devoir être l'appui des droits de la nation et le frein des hommes puissants, ne fut dans le fait que l'instrument de ceux qui, au mépris de la souveraineté du peuple, s'étaient emparés de l'autorité suprême par la violence et par la ruse.

Quoique les accusés gravement impliqués eussent renoncé à avouer formellement la conspiration, ils persistèrent à en défendre les principes. La révolution était à leurs yeux une chose sainte ; ils étaient consciencieusement fidèles à la souveraineté populaire et à la constitution de 1793 qui la consacrait : fiers de ce qu'ils avaient fait pour les rétablir, ils s'honoraient des fers qu'ils portaient et du danger dont ils étaient menacés.

Une forte irritation, suite nécessaire de l'opposition qui s'était manifestée entre les vues des accusateurs et les sentiments des accusés, éclata à plusieurs reprises, par les déclamations virulentes du ministère public, par les interruptions partiales du tribunal, et par les impétueuses réclamations des détenus.

Pouvaient-ils, ceux-ci, entendre de sang-froid calomnier les fondateurs de la République, et refuser aux plus fermes soutiens de l'égalité les talents, le courage et la moralité ? Pouvaient-ils, sans mot dire, s'entendre imputer des sentiments vils et intéressés, eux dont la plupart avaient exposé mille fois leur vie pour la patrie et étaient sortis des fonctions publiques dans une honorable pauvreté ? eux, contre qui ne s'éleva dans le cours d'une si longue procédure pas une seule voix pour leur reprocher une action infâme ?

Pendant les débats, le caractère des accusés ne se démentit jamais. En toute occasion ils rendirent d'éclatants hommages à la République et à l'égalité ; plusieurs fois ils réfutèrent victorieusement les sophismes politiques des accusateurs, et firent, presque à chaque séance, retentir les voûtes du tribunal de leurs chants républicains.

Le traître par qui les hommes confiants qu'il avait flattés, enflammés et caressés, furent dénoncés et livrés.... Grisel ! figurait sur la liste des témoins, au nombre desquels il y avait d'autres espions de la police qui ayant horreur de sa profonde immoralité, refusèrent de s'asseoir constamment à ses côtés.

On se flatta d'écarter ce témoin, car la loi défendait de faire entendre le dénonciateur, quand il s'agissait de délit dont la dénonciation est recompensée pécuniairement par la loi, ou lorsque le *dénonciateur peut de toute autre manière profiter de sa dénonciation.*

Dans l'opinion des accusés et de leurs défenseurs, le mot *peut* exprimait une possibilité illimitée, et comprenait les récompenses que le dénonciateur de la conspiration pouvait raisonnablement attendre du gouvernement.

L'expédient qu'imaginèrent les accusateurs nationaux pour se tirer de l'embarras où les jetait l'argumentation pressante des accusés, excita un rire universel ; ils osèrent soutenir que la qualification de dénonciateur n'était pas applicable à Grisel, parce que, disaient-ils, ayant fait sa première déclaration au Directoire et non à un officier de police judiciaire, il n'était que simple révélateur.

Ce subterfuge ne fit pas fortune; néanmoins, le tribunal ayant décidé que la signification du mot *peut* devait être restreinte aux droits acquis au dénonciateur par l'effet de la dénonciation, ordonna, au grand scandale de beaucoup de personnes, que Grisel serait entendu.

Il y avait au procès environ cinq cents pièces de conviction, et plusieurs séances furent consacrées à les représenter aux accusés qui les reconnaissaient, ou à faire vérifier, par des experts, celles qu'on attribuait à ceux qui ne répondaient pas ou étaient contumax.

On s'épuisa en conjectures pour savoir quels étaient, dans une pièce à laquelle les accusateurs attachaient une grande importance, les mots que Babeuf avait couverts d'une grosse tache d'encre, en paraphant cette pièce chez le ministre de la police. La fastidieuse discussion qui eut lieu à ce sujet, occasionna de violentes invectives de part et d'autre, et se termina par un tumulte épouvantable ; la séance fut brusquement levée au milieu des cris des accusateurs, des défenseurs et des accusés ; ceux-ci chantèrent avec véhémence, en se retirant, le couplet de l'hymne des Marseillais : *Tremblez ! tyrans, et vous perfides !* Le tribunal dressa du tout un procès-verbal, sur lequel le Corps législatif passa à l'ordre du jour.

A la suite d'un reproche adressé par les accusés au président, les accusateurs se plaignirent de ce qu'on voulait, en entassant incidents sur incidents, prolonger indéfiniment les débats : « Tant de voix, dirent-ils, s'élèvent contre la lenteur des opérations de la haute-cour !... »

« — Quelles sont ces voix si multipliées? s'écria Babeuf; amis du peuple, vous le devinez. Ce ne sont que celles de cette caste improprement dite honnête, qui n'est qu'un point par rapport à la masse, mais qui a bien l'insolence de prétendre être tout, de vivre sans rien faire de l'expression des sueurs du grand nombre, de compter pour rien cette masse exclusivement utile, de la juguler, de l'affamer pour prix de l'emploi perpétuel de ses bras, de son intelligence, de son industrie. Telle est, républicains, la poignée de vampires dont on dit que toutes les voix s'élèvent contre la lenteur des opérations de ceux qui se sont promis de nous immoler. Tels sont ceux à qui l'on s'empresse de complaire. Honnêtes gens, vous serez satisfaits ! lisez les premières séances des débats de la haute-cour, vous vous convaincrez comme vous y êtes servis. Et vous, portion essentielle et majeure du peuple, vous verrez comme on vous traite dans la personne de ceux qui n'ont pas abandonné vos intérêts. Vous aussi, amis, ses défenseurs, compagnons de gloire, vous l'avez entendu ; c'est le million doré qui appelle votre crucifiement. Vous ne démêlez pas, à travers les clameurs de la horde dévoratrice, vous ne démêlez pas les voix de ces vingt-quatre millions d'opprimés dont vous avez à soutenir la belle cause. Ils gémissent en silence, chargés de fer, dépouillés, nus, tombant d'inanition, adressant leurs hommages et leurs regrets aux mânes des glorieux martyrs qui nous ont précédés dans la carrière de l'établissement de la félicité publique, dont ils vous ont légué l'apostolat sublime, de même que vous le transmettrez à d'autres justes, aussi zélés et peut-être plus heureux que vous et vos prédécesseurs. La vertu ne meurt pas; les tyrans s'abusent dans leurs atroces persécutions; ils ne détruisent que des corps; l'âme des hommes de bien ne fait que changer d'enveloppe ; elle anime, sitôt la dissolution de l'une, d'autres êtres chez qui elle continue d'inspirer les mouvements généreux qui ne laissent jamais de repos au crime dominateur.

« D'après ces dernières pensées, et d'après toutes les innovations que je vois introduire chaque jour pour hâter mon holocauste, je laisse à mes oppresseurs toute la facilité qu'ils désirent; je néglige les détails inutiles de ma défense; qu'ils frappent sans rien attendre; je m'endormirai en paix dans le sein de la vertu. »

Grisel parla pendant deux séances et raconta minutieusement tout ce qu'il avait fait pour connaître, seconder, tromper et trahir les accusés. Il dit vrai, sauf quelques additions dictées par la vanité, et par lesquelles il se mit parfois en contradiction avec lui-même. Mais, quoiqu'on ne pût le regarder comme un menteur, on ne fut pas moins révolté de l'effronterie avec laquelle il fit parade de sa perfidie et des ruses au moyen desquelles il avait su capter la bienveillance de ceux dont il méditait la perte.

Par un mouvement naturel d'indignation, Antonelle peignit au vif l'hypocrisie du traître et imprima sur son front le cachet ineffaçable de l'infamie.

En parlant de quelques accusés, Grisel avait dit : « Je ne vois ici que des agents, pas un d'eux n'était le véritable chef de la conspiration; il y avait derrière le rideau des hommes qui faisaient mouvoir et agir ceux-ci. » Ce propos arracha à Germain les phrases suivantes : « Ah! si c'est trop peu de nous, dit-il, va sur les bords de l'Aude soustraire au sable qui le couvre le cadavre de ma femme; vas en disputer la pâture aux vers moins dignes que toi de le dévorer; précipite-toi comme un tigre affamé sur ma mère; joins à cet abominable festin mes sœurs et leurs enfants; arrache mon fils des faibles bras de sa nourrice et broie ses tendres membres sous ta dent carnassière. Nos soixante familles t'offrent la même dégoûtante curée; vas la saisir, vas. Eh quoi! cet appât ne te tente point? C'est que sans doute encore tu dissimules. » Les mots, par lesquels Germain termina son éloquente défense, ne sont pas moins remarquables : « J'attends, dit-il, sans aucune espèce de crainte ni de faiblesse, votre prononcé : quel qu'il soit, pourquoi craindrais-je? pourquoi faiblirais-je? En effet, mort, la liberté n'aura pas eu de plus dévoué martyr ; vivant, elle n'aura pas de plus intrépide défenseur. »

Grisel avait parlé de l'insurrection du 1er prairial an III, en l'attribuant aux anarchistes, dénomination sous laquelle il affectait, à l'instar des accusateurs, de comprendre tous les amis sincères de l'égalité. « Prairial ! s'écria Babeuf, époque terrible, journées funestes, mais saintes et révérées, qui ne se représentent jamais à la pensée des Français vertueux sans provoquer l'attendrissement et les regrets, le souvenir des plus grands crimes, celui des efforts généreux de la vertu, et des plus grands malheurs du peuple.... Prairial ! journées désastreuses mais honorables, où le peuple et ses délégués fidèles firent leur devoir, où ses traîtres mandataires, où ses affameurs, ses assassins, les usurpateurs de la souveraineté et de tous ses droits, mirent le comble à des atrocités dont aucune histoire n'offre l'exemple.... Il n'y eut que vous, ô Gracques ! ô immortels Français ! il n'y eut que vous de généreux ; il n'y eut que vous qui osâtes vous déclarer les appuis et les défenseurs du peuple ; il n'y eut que vous dont le dévouement entier appuya ses trop justes demandes : *Du pain et des lois !* Goujon, Duroy, Romme, Soubrany, Duquesnoy, Bourbotte, illustres victimes ! vous dont les noms à jamais célèbres ont déjà retenti dans cette enceinte, où ils retentiront encore plus d'une fois ! vous dont nous ne cessons d'honorer les mânes par nos chants quotidiens ! vous dont la constance dans les fers et devant des juges-bourreaux nous servira d'exemple pour supporter la captivité la plus longue et la plus dure ! vous enfin, que les méchants ont tués, mais qu'ils n'ont pu flétrir un seul jour ! glorieux martyrs ! intrépides soutiens de l'égalité sainte ! vous sauvâtes à la liberté, à la souveraineté du peuple, à tous les principes garants de son bonheur, l'opprobre d'être envahis sans une courageuse résistance.... Nous avons dû vous remplacer après votre chute ; tombés comme vous, nous devons vous imiter et paraître devant nos persécuteurs, inébranlables comme vous ; et tout véritable républicain doit honorer l'époque où vous mourûtes victimes des plus détestables ennemis de la République. .. » Là, le tribunal força Babeuf à se taire.

Des limiers de la police vinrent déposer contre des ouvriers accusés de s'être, depuis l'arrestation de Babeuf, coalisés pour le délivrer et pour exécuter ses projets ; ces hommes déhontés, parmi lesquels on voyait un faux monnayeur qu'on avait tiré de prison, tout exprès pour en faire un espion, avaient encouragé par leur concours ceux contre lesquels ils rendaient témoignage.

Au milieu de tant d'êtres pervers, parurent deux infortunés jeunes hommes qui, par leurs malheurs, par leur générosité et par leur courage, firent verser aux spectateurs des larmes d'attendrissement. Jean-Baptiste Meunier et Jean-Noël Barbier, l'un et l'autre soldats, avaient été condamnés à dix ans de fers pour des faits relatifs à l'insurrection de la légion de police. Devant la commission militaire qui les jugea, on leur arracha des aveux à charge de quelques-uns des accusés ; ce fut pour confirmer ces aveux, qu'on les transféra à Vendôme.

Mais, loin de répondre à l'attente des accusateurs, Meunier et Barbier désavouèrent hautement tout ce qu'ils avaient eu la faiblesse de confesser, et aimèrent mieux s'exposer à une nouvelle condamnation, comme faux témoins, que de proférer un seul mot contre les hommes qui étaient mis en jugement.

Ils firent plus ; ils s'inclinèrent devant les accusés, ils les saluèrent par des chants républicains ; ils les appelèrent amis du peuple ; ils demandèrent à partager leur gloire. Tant de vertu fut récompensée par une nouvelle condamnation aux fers.... O temps !...

Aucun des accusés n'était plus que Babeuf gêné dans sa défense, par la résolution qui avait été prise en commun, de nier la conspiration. Sur environ cinq cents pièces de conviction, saisies presque toutes auprès de lui, et contenant, en toutes lettres, l'organisation, le plan, les actes et la correspondance du comité insurrecteur, il y en avait plus de cent écrites de sa main ; la dénonciation était toute contre lui ; cinq longues séances furent employées à l'interroger.

Comment donner aux faits nombreux, résultant de ces pièces, et confirmés par le dénonciateur, des explications tant soit peu vraisemblables ? Les principaux accusés essayèrent de le faire ; ils réussirent quelquefois partiellement, mais, dans l'ensemble, ils n'obtinrent d'autre succès que celui de mettre un peu plus à l'aise ceux d'entre les jurés qui partageaient déjà leurs opinions. Sous ce rapport, leur défense ne fut qu'un tissu peu cohérent de subtilités que leurs cœurs désavouaient, et auxquelles ils ne se soumirent que par condescendance pour leur compagnon d'infortune.

La vraie défense de ces accusés est tout entière dans l'aveu qu'ils firent de leurs doctrines démocratiques, dans l'hommage solennel qu'ils rendirent à la constitution de 1793, et dans leur persévérance à justifier hypothétiquement le but de la conspiration.

Cette conspiration était toute renfermée dans l'acte de création d'un directoire insurrecteur, que les accusateurs appelaient *une usurpation de la souveraineté ;* c'était sur cette pièce que se fondait principalement l'accusation. Babeuf en justifia les motifs, l'intention et les moyens.

« Ce n'est point ici, dit-il, un procès d'individus, c'est celui de la République ; il faut, malgré tous ceux qui n'en sont pas d'avis, le traiter avec toute la grandeur, la majesté, le dévouement qu'un aussi puissant intérêt commande.... Cet acte, poursuivit-il, appartient à des républicains quelconques, et tous les républicains sont impliqués dans cette affaire ; par conséquent, il appartient à la République, à la révolution, à l'histoire.... Je dois le défendre. »

En comparant, un moment après, sa position actuelle à celle des démocrates non emprisonnés : « Génie de la liberté ! s'écria-t-il, que de grâces j'ai à te rendre de m'avoir mis dans une position où je suis plus libre que tous les autres hommes, par cela même que je suis chargé de fers! Qu'elle est belle, ma place! qu'elle est belle, ma cause! elle me permet exclusivement le langage de la vérité.... Au milieu de mes chaînes, ma langue est privilégiée sur toutes celles de l'incalculable nombre des opprimés et des malheureux, à chacun desquels on n'a pu, comme à moi, bâtir pour demeure un cachot. Ils souffrent, ils sont vexés, pressurés, accablés sous la plus cuisante détresse, courbés sous le plus odieux avilissement, et pour comble d'atrocité il ne leur est plus permis de se plaindre.... Qu'au moins, si la patrie est condamnée à mourir dans tous ceux de ses enfants qui sont dans cette affaire, il soit dit qu'en périssant, ils n'ont point trahi, qu'ils ont courageusement professé les maximes de leur mère.... Je parle aux vertus, elles seules peuvent trouver en nous des justes : s'il n'en était plus pour m'entendre, ah! sans doute, il ne resterait qu'à dresser l'échafaud. »

Mais, quand Babeuf parla avec amour de la constitution de 1793, quand il commença à rappeler les violences par lesquelles on l'avait arrachée au peuple, les accusateurs nationaux se mirent à invectiver les accusés, et prétendirent qu'ils conspiraient encore contre le gouvernement. Aussitôt Babeuf fut condamné à se taire.

Buonarroti entreprit aussi de justifier cette pièce ; il dit que le corps qu'elle établissait, n'avait d'autre objet que celui de propager les doctrines démocratiques ; il soutint que, lors même que ce corps eût préparé des projets législatifs à soumettre au peuple, dont on connaissait le mécontentement et dont on prévoyait l'explosion, il n'eût fait qu'un acte de prudence nullement contraire aux lois ; et, se plaçant ensuite dans l'hypothèse, que le directoire secret eût voulu provoquer le peuple à examiner la forme du gouvernement, il démontra que cette provocation est le droit de chaque citoyen, dans tout pays régi par une constitution qui, comme celle de l'an III, reconnaît que la souveraineté réside dans l'universalité des citoyens.

Plus tard, Babeuf revint adroitement sur cet objet, et moyennant quelques ménagements préalables, il put dire tout haut : « Provoquer le réveil du véritable peuple, le règne du bonheur, le règne de l'égalité et de la liberté, l'abondance pour tous, l'égalité et la liberté de tous, le bonheur de tous : voilà les vœux de ces prétendus fameux insurrecteurs qu'on a peints avec des couleurs si épouvantables aux yeux de toute la France. »

Venant ensuite aux moyens, il fit voir que, dans la réalité, ils se réduisaient à opérer une révolution dans les opinions, un mouvement général dans les esprits, dont il croyait que les auteurs de l'acte d'accusation s'étaient exagéré les effets : « Car, ajouta-t-il très-judicieusement, il est trop sensible qu'une révolution morale, résultat nécessaire de la conversion du plus grand nombre des hommes et de la renonciation à toutes les passions qui les subjuguent, n'est point une chose dont l'exécution, par le seul moyen de l'apostolat des vertus, soit facile à comprendre. Depuis qu'il existe chez les nations des éclaireurs, des hommes généreux qui se consacrent à prêcher les maximes de la suprême raison, et à indiquer la route de la vraie justice, on n'a guère vu leurs succès, et on les a vus presque tous en être victimes. »

Il fit plus, il prouva que, lorsque le peuple est opprimé, l'insurrection, même partielle, est juste et nécessaire ; et, s'appuyant de ses raisonnements et de l'autorité de Mably, il réfuta complétement la doctrine léthargique des accusateurs nationaux qui avaient dit : « L'insurrection n'est légitime que lorsque c'est l'universalité des citoyens qui la font. » Autant fallait-il dire : *jamais*.

Deux fois Babeuf fut interpellé de nommer ses coopérateurs, et deux fois il repoussa cette provocation avec horreur.

Il repoussa avec la même indignation ce système mensonger par lequel quelques accusés et un défenseur auraient désiré qu'on se défendît en attribuant l'idée de la conspiration à la tyrannie, et en faisant de ses agents les provocateurs des actes les plus dangereux pour elle. Il s'agissait de l'acte insurrecteur au sujet duquel Ricord s'était écrié : « C'est Grisel qui l'a fait » : « Non, » répondit fièrement Babeuf, « il ne l'a pas fait. Ce n'est pas une pièce qui doive faire rougir son auteur, et Grisel est un trop grand scélérat pour avoir fait un pareil acte. »

Toutes les pièces de conviction étaient présentées par les accusateurs dans l'ordre avec lequel elles avaient été réellement faites, et les réunissant naturellement en faisceau, ils en déduisaient facilement l'histoire véritable de la conspiration.

Ce que les accusateurs réunissaient, les accusés, enchaînés par leurs conventions au système de dénégation, s'efforcèrent de le séparer en rapportant les pièces qu'ils avaient écrites à des causes isolées, à des circonstances fortuites et à des temps différents. En analysant ces pièces, ils ne laissèrent échapper aucune occasion d'avouer leurs principes démocratiques, de les justifier et de démontrer que la constitution qui régissait alors la France, n'était pas celle que le peuple français s'était donnée.

C'est ainsi qu'en expliquant un projet d'adresse aux soldats, dont il était l'auteur, Buonarroti dit pourquoi il avait servi activement la révolution française ; développa, malgré les interruptions du tribunal, les raisons qu'il avait eues de défendre la constitution de 1793 ; accusa le gouvernement d'usurpation et de tyrannie, et fit l'éloge des intentions et des actes du gouvernement révolutionnaire. « Le serment! s'écria-t-il, que je fis de défendre le Code qu'un peuple immense avait unanimement sanctionné dans ses jours d'union et de gloire, n'a pu s'effacer de mon cœur, et la foi que l'on vit des esclaves conserver à leurs maîtres, je l'avais conservée à un peuple magnanime qui m'accueillit généreusement dans son sein, et m'intima, dans ses jours de liberté, sa volonté solennelle. »

Ce ne fut pas sans être vivement émus, qu'une foule de citoyens de Vendôme et des environs assistèrent avec empressement aux séances de la haute-cour. Ces véhémentes attaques, souvent répétées contre le gouvernement, ces argumentations pressantes, d'où les accusateurs ne sortirent pas toujours victorieux, cette franche défense des événements les plus populaires de la révolution, ce vif attachement aux droits et aux intérêts du peuple, ces témoins à charge qui refusaient de parler et rendaient hommage à ceux contre lesquels on les faisait paraître, ces familles dévouées, présentes au combat dont elles attendaient l'issue en tremblant, avaient inspiré aux spectateurs, en faveur des accusés, un pressant intérêt qu'augmentaient tous les jours les articles d'un journal, imprimé sur les lieux, et les entretiens des habitants presque exclusivement occupés de ce qui se passait au tribunal.

A ces dispositions bienveillantes se joignit bientôt le désir de garantir les accusés les plus impliqués des dangers dont on les sentait menacés. D'un côté, on fit secrètement des tentatives pour faire insurger en leur faveur une partie des soldats qui les gardaient; elles n'eurent pas de succès. De l'autre, on songea à favoriser une évasion clandestine[1].

A l'aide de quelques outils, furtivement introduits dans la prison, fut ouverte, en peu de jours, par les prisonniers, une large brèche par où ceux qui avaient quelque chose à craindre, allaient se dérober à leurs bourreaux, lorsque la conduite inconsidérée d'un des accusés donna l'éveil et fit évanouir toute espérance de fuite.

Environ trente têtes furent vouées à la mort par le long discours que les accusateurs nationaux prononcèrent à la suite des débats. Les pièces saisies étaient si nombreuses et si concluantes, qu'il leur fut très-facile d'établir la vérité de la dénonciation et de prouver la réalité de la conspiration. Ils ne réussirent pas de même à démontrer qu'elle était criminelle.

1. Une lettre très-curieuse de Babeuf, relative à ce plan d'évasion et adressée à sa femme, a été publiée dans les mémoires de la Société académique de Blois. — A. R.

Les accusés avaient soutenu à plusieurs reprises que, dans l'hypothèse même qu'il y eût eu conspiration, il n'y avait pas eu crime, parce que la constitution contre laquelle elle paraissait dirigée, étant subversive de la souveraineté du peuple, et n'ayant pas été acceptée par lui, n'était pas la loi véritable. A ce point majeur et décisif les accusateurs ne répondirent rien, et, se retranchant dans le fait, ils prétendirent écarter toute discussion sur la droiture des intentions. Laissant de côté l'objection la plus grave, ils s'amusèrent à combattre celles qui leur parurent les plus faibles, et visèrent surtout à effrayer les âmes craintives par la peinture exagérée des moyens d'exécution, par l'exposition calomnieuse des intentions des accusés, et par le tableau fantastique des conséquences faussement déduites de leurs projets. Rien, en effet, ne parut plus extravagant que cette conclusion où l'on affirmait, d'un ton doctoral, que de la pratique de la souveraineté populaire et de l'égalité, devaient nécessairement jaillir la devastation, la dépopulation et la désolation de la France, et par suite, *de fil en aiguille*, le retour d'un roi.

Il serait aussi inutile que fastidieux de rapporter minutieusement les explications forcées, données par les accusés, aux pièces qu'on leur opposait, les dénégations par lesquelles ils repoussèrent les allégations du dénonciateur et les légères contradictions dans lesquelles celui-ci tomba, par défaut de mémoire, ou par l'envie de paraître plus prévoyant et plus rusé qu'il ne l'avait été en effet.

La dénonciation était vraie dans son ensemble, la conspiration avait été réelle, et les principaux accusés n'en nièrent l'existence que par un pieux mensonge, dont ils ne se promettaient aucun succès, et dont ils rougissaient dans leur cœur.

Mais ce qui ne doit pas être passé sous silence, c'est la partie de leur défense générale, dans laquelle furent discutés les principes du droit public des Français; la révolution y fut justifiée dans sa plus grande tendance à l'égalité et à la souveraineté du peuple, et nous allons en donner un court résumé, pour faire connaître les sentiments dans lesquels ces accusés persévèrerent jusqu'au dernier moment.

Dans le système des accusateurs et du tribunal, les jurés devaient se borner à examiner s'il y avait eu réellement offense à la constitution de l'an III, dont ils prétendaient empêcher les accusés de discuter la légitimité.

Cependant les plus impliqués d'entre eux ne persistèrent pas moins à développer et à justifier les principes qu'ils avaient professés avec tant de chaleur, parce qu'ils les croyaient vrais et conformes au bien-être de tous; ils ne voyaient que là leurs véritables moyens de défense aux yeux du peuple et des jurés populaires.

D'abord, ils s'adressèrent à la vertu des jurés, afin d'éveiller dans leurs âmes un noble sentiment d'indépendance; ils essayèrent de les convaincre que la sublimité de leur mission leur imposait le devoir de remonter à la source des choses, de s'élever au-dessus de la constitution de l'an III, de soumettre l'origine et l'essence de celle-ci à un rigoureux examen, et de prendre pour guides de leurs décisions les vrais droits du peuple et non les prétentions de l'autorité existante qui, en réalité, n'avait pas été créée par lui.

« Il n'en est pas, disait un accusé, de cette affaire comme des procédures ordinaires. La puissance des accusateurs, la faiblesse et l'obscurité des accusés doivent appeler l'attention scrupuleuse des hauts-jurés sur des considérations étrangères à la marche habituelle des tribunaux. Ce ne sera pas en vain, citoyens, que les opprimés réclameront devant vous contre la cruauté de leurs opresseurs. Ce ne sera pas en vain que le saint enthousiasme de la liberté réclamera auprès de vous respect et justice pour les principes sacrés auxquels nous dûmes la destruction des privilèges, la chute du trône et les progrès de la raison publique vers l'égalité des droits.... Le peuple vous chargea de reconnaître le bien et non d'adapter les formules sèches de la jurisprudence aux plans de l'ambition et de l'ineptie.... Représentants du peuple! soyez lui-même; il faut avoir son cœur pour exprimer sa volonté.»

Avant d'entreprendre de démontrer que la véritable loi des

Français était la constitution de 1793, et que celle de l'an III n'était qu'un acte de spoliation et de violence, les accusés s'attachèrent à repousser l'horreur dont les accusateurs nationaux s'étaient efforcés d'entourer la loi démocratique et ceux qui lui demeuraient fidèles, par la peinture exagérée de la sévérité du gouvernement révolutionnaire avec lequel ils feignaient de la confondre.

« Vous rappelez toujours, dirent les accusés, les mesures de 1793, mais vous passez sous silence ce qui précéda la malheureuse nécessité qui les fit employer. Vous oubliez de rappeler à la France les innombrables trahisons qui firent périr des milliers de citoyens; vous oubliez de lui parler des progrès effrayants de la guerre de la Vendée, de la livraison de nos places frontières, de la défection de Dumouriez et de la protection révoltante qu'il trouva jusqu'au sein de la Convention nationale; vous oubliez de rappeler les cruautés inouïes, par lesquelles les cruels Vendéens déchiraient par lambeaux et faisaient expirer au milieu des tourments les plus raffinés, les défenseurs de la patrie et tous ceux qui gardaient quelque attachement à la République. Si vous évoquez les mânes des victimes d'une déplorable sévérité, amenée par les dangers toujours croissants de la patrie, nous exhumerons les cadavres des Français égorgés par les contre-révolutionnaires à Montauban, à Nancy, au Champ de Mars, dans la Vendée, à Lyon, à Marseille, à Toulon; nous éveillerons les ombres d'un million de républicains, moissonnés aux frontières par les partisans de la tyrannie, conspirant sans cesse pour elle, au sein même de la France; nous mettrons en balance le sang que vos amis ont fait couler, par leurs froids calculs, avec celui que les patriotes ont versé à regret dans l'emportement de la défense, et dans l'exaltation de l'amour de la liberté.... Est-ce nous, ou la liberté, que les accusateurs nationaux se sont chargés de poursuivre?... Leur acharnement ne nous sera pas inutile, et les hauts-jurés démêleront, sans doute, dans la partialité de leurs tableaux et dans l'affectation avec laquelle ils dénaturent l'histoire, et entassent sur la tête des accusés des faits qui leur sont étrangers, cette haine secrète que les ennemis de la République, plus adroits que nous, ont vouée à ses intrépides et trop confiants ennemis. »

S'être concertés, dans le dessein de renverser la constitution de l'an III pour lui substituer celle de 1793, et dans celui de porter atteinte aux propriétés par l'établissement de la communauté des biens, étaient les deux grands chefs d'accusation dont les accusés avaient à se défendre.

« Assurément, dirent-ils, nous aimons la constitution de 1793; nous l'aimons, parce qu'elle garantit au peuple le droit inaltérable de délibérer sur les lois; nous l'aimons, parce qu'elle fut solennellement acceptée presque à l'unanimité par le peuple français.

« Assurément, ajoutaient-ils, nous considérons encore cette constitution comme la véritable loi fondamentale de la France, parce que celle de l'an III a dépouillé le peuple du droit effectif de souveraineté, et parce qu'il est faux que le même peuple l'ait acceptée. »

Les raisons et les calculs par lesquels les accusés démontraient la vérité de leurs assertions étaient si convaincants, qu'après une longue argumentation de part et d'autre, l'accusateur Viellart s'avoua vaincu en prononçant ces mots : *Au surplus, j'obéis.*

« Veut-on, poursuivaient les accusés, que nous ayons appelé l'attention du peuple sur cette étrange infraction de ses droits ? En cela, nous n'avons fait qu'user du droit de parler et d'écrire, que la constitution de l'an III garantit à tous les Français.

« Prétend-on de plus que nous nous soyons concertés pour rétablir de gré ou de force la constitution de 1793, que nous regardons comme sacrée, comme la sauvegarde de la liberté publique? D'abord, ce concert que nous nions n'est pas prouvé, et l'absence des moyens d'exécution suffit seule pour écarter tout soupçon de conspiration dangereuse et criminelle. Mais eussions-nous réellement conspiré à l'effet de rétablir la constitution de 1793, nous n'aurions fait que suivre les mouvements d'une conscience pure, nous n'aurions fait qu'obéir à la loi véritable; nous n'aurions fait que ce que tout vrai citoyen doit faire, nous n'aurions fait qu'accomplir le serment d'être fidèles à la liberté, à la souveraineté du peuple et à la République. »

Tandis que les accusateurs et le tribunal prétendaient que les jurés devaient se borner à examiner si on avait voulu attenter à la constitution de l'an III, les accusés représentaient que, si on voulait à tout prix qu'ils eussent conspiré, leur conspiration n'était pas un crime, parce que l'autorité contre laquelle elle paraissait dirigée n'ayant pas été agréée par le peuple, n'était pas légitime. Ce fut sur ce défaut de légitimité que les accusés appelèrent positivement la délibération du jury.

Quant au dessein d'établir la communauté des biens, il ne fut pas nécessaire aux accusés de le discuter longuement, parce que les écrits qui renfermaient les plans successifs de législation n'ayant pas été saisis, et rien de semblable n'ayant été proposé devant le dénonciateur, cette partie de l'accusation était faiblement établie. Cependant, Babeuf qui avait fait souvent de cette communauté le sujet de son *Tribun du Peuple*, ne négligea pas d'en parler; il exposa ses opinions démocratiques sur cette matière, et les justifia par le raisonnement, par le tableau des maux inévitables qui affligent la société, et par d'imposantes autorités. *La propriété*, dit-il, *est sur la terre la cause de tous les maux.*

« Par la prédication de cette doctrine, proclamée depuis longtemps par les sages, j'ai voulu rattacher à la République le peuple de Paris, fatigué de révolutions, découragé par les malheurs et presque *royalisé* par les menées des ennemis de la liberté. »

Babeuf termina ainsi sa longue défense : « Si la hache menace ma tête, les licteurs me trouveront tout prêt; il est glorieux de mourir pour la cause de la vertu.... La décision des jurés va résoudre ce problème : la France restera-t-elle une république[2], ou sera-t-elle la proie des brigands qui la

1. Quatre ans après, il n'en restait plus vestige.

démembreront, et reviendra-t-elle une monarchie?... Citoyens jurés, condamnerez-vous des hommes que l'amour de la justice a seul conduits? Voulez-vous accélérer la contre-révolution et précipiter la chute des patriotes sous les poignards des royalistes triomphants?... Cependant, si notre mort est résolue, si la cloche fatale a sonné pour moi, il y a longtemps que je suis résigné. Constamment victime dans cette longue révolution, je suis familiarisé avec les supplices. La roche tarpéienne est toujours présente à mes yeux, et Gracchus Babeuf est trop heureux de mourir pour son pays. Eh! tout bien considéré, que manque-t-il à ma consolation? puis-je jamais attendre de finir ma carrière dans un plus beau moment de gloire?... J'aurai éprouvé, avant ma mort, des sensations qui ont accompagné rarement celles des hommes qui se sont sacrifiés pour l'humanité.... la puissance qui fut bien forte pour nous opprimer longtemps, ne le fut guère pour nous diffamer. Nous vîmes la vérité jaillir de tous les pinceaux pour buriner, dès notre vivant, les faits qui nous honorent et feront éternellement la honte de nos persécuteurs. L'histoire gravera nos noms en traits honorables. Quels sont aussi ces hommes au milieu desquels je suis traité comme coupable! C'est Drouet, c'est Lepelletier! O noms chers à la République!... Voilà donc mes complices!... Amis, vous qui m'entourez de plus près sur ces gradins, qui êtes-vous encore?... je vous reconnais : vous êtes, presque tous, des fondateurs, de fermes soutiens de cette République; si l'on vous condamne, si l'on me condamne, ah! je le vois, nous sommes les derniers des Français, nous sommes les derniers des énergiques républicains.... l'affreuse terreur royale va partout promener ses poignards!... Ne vaut-il pas mieux emporter la gloire de n'avoir pas survécu à la servitude, d'être morts pour avoir voulu en préserver nos concitoyens!... O mes enfants (des larmes coulèrent de ses yeux), je n'ai qu'un regret bien amer à vous exprimer : c'est qu'ayant désiré fortement de concourir à vous léguer la liberté, source de tous les biens, je vois après moi l'esclavage, et je vous laisse en proie à tous les maux. Je n'ai rien du tout à vous léguer!!! je ne voudrais pas même vous léguer mes vertus civiques, ma haine profonde contre la tyrannie, mon ardent dévouement à la cause de l'égalité et de la liberté, mon vif amour pour le peuple : je vous ferais un trop funeste présent. Qu'en feriez-vous sous l'oppression royale qui va infailliblement s'établir ? Je vous laisse esclaves, et cette pensée est la seule qui déchirera mon âme dans mes derniers instants. Je devrais, dans ce cas, vous donner des avis sur les moyens de supporter plus patiemment vos fers et je sens que je n'en suis point capable. »

Aux premières questions qui furent soumises à la délibération des jurés et qui ne portaient que sur la réalité de la conspiration et sur la participation que chaque accusé y avait eue, le tribunal, à la requête du chef du jury, en ajouta d'autres touchant les provocations écrites ou verbales au rétablissement de la constitution de 1793. Cette addition produisit dans le titre de l'accusation un changement d'autant plus illégal qu'il soumit tout à coup à l'examen des jurés les écrits sur lesquels il n'avait jamais été permis aux parties de s'expliquer[1]. Les plaintes que firent à ce sujet quelques accusés, soutenus en cela par l'avis des accusateurs nationaux, ne furent pas écoutées.

Les accusés s'élevèrent vivement, mais pas avec plus de succès, contre la manière dont fut posée la question intentionnelle et dans laquelle ils virent la preuve d'une haineuse partialité. La loi ordonnait sous peine de nullité qu'en toute circonstance le juré, après avoir déclaré le fait constant et l'accusé convaincu, ajoutât : Il me paraît ou il ne me paraît pas avoir commis tel fait méchamment et à dessein. C'était surtout sur le maintien de l'adverbe *méchamment* qu'insistaient les accusés, parce qu'ils y voyaient une invitation faite au jury, d'examiner la légitimité des motifs par lesquels ils avaient justifié hypothétiquement la conspiration.

1. Un jugement du tribunal criminel de la Seine a solennellement reconnu, depuis, que les questions relatives aux provocations dont il s'agit, furent posées par la haute cour en contravention à la loi.

Ce fut au sujet de la question intentionnelle que les accusés s'exprimèrent ainsi en s'adressant aux jurés : « Descendez dans votre cœur, vous y trouverez une voix sourde qui vous crie : ces hommes enfin ne rêvaient qu'au bonheur de leurs semblables.... La révolution ne fut pas pour tous un jeu d'intérêt personnel. Pénétrez-vous bien, citoyens, qu'il y eut des hommes qui la regardèrent comme un événement important pour l'humanité; soyez bien convaincus qu'elle devint pour eux une religion nouvelle à laquelle ils surent par un abandon absolu sacrifier les convenances, les biens, le repos et la vie.... Frapper un ami de la liberté, c'est tendre la main aux rois.... Vous jugez la liberté : elle fut féconde en martyrs et en vengeurs de leur mémoire. Elle expire, la liberté, quand on étouffe les passions généreuses, quand on présente aux hommes qu'elle enflamme les têtes sanglantes de ceux qui se dévouèrent pour elle.... Les accusateurs ont prétendu que nos arguments fussent-ils vrais, les jurés ne pourraient pas s'arrêter aux motifs qui ont pu déterminer les accusés, ni voir dans leurs intentions autre chose que l'intention de renverser la constitution de 1795. Si on admet cette étrange prétention, il n'y a plus en France ni institution de jurés, ni patrie. D'abord ce n'est pas sur le renversement de la constitution actuelle, mais sur celui de l'autorité légitime, qu il faudrait porter l'attention des jurés; car pourraient-ils déclarer coupable celui qui tout en agissant contre le gouvernement actuel aurait fermement cru agir en faveur de la véritable loi? A quoi se réduirait alors ce sentiment intérieur du bien ou du mal qui rend si précieuse pour les âmes pures, l'institution des jurés? A quoi se réduirait le soin que la loi a pris de concilier par les questions sur l'intention et sur l'excuse les contradictions si fréquentes entre les préceptes de la loi naturelle et ceux des lois positives! A quoi se réduirait la loi suprême de l'intérêt du peuple qui ordonne à ses mandataires de compter pour principale circonstance dans le cœur des accusés l'amour de la patrie et le dévouement pour elle? »

Quelques jurés se joignirent aux accusés pour demander

que les questions sur l'intention fussent posées selon la formule prescrite par la loi ; ce fut en vain. La haute-cour persistant dans son système, restreignit ces questions à ces termes : l'accusé a-t-il conspiré ou provoqué dans l'intention de conspirer ou de provoquer ? Ainsi fut interdit tout examen concernant la moralité.

Il y avait seize jurés ; quatre suffisaient pour absoudre ; trois seulement furent constamment favorables aux accusés : Gauthier Biauzat que nous nommons, parce que nous savons qu'il a cessé de vivre, était au nombre de ceux-ci ; il demeura fidèle au peuple et il ne tint pas à lui que personne ne fût condamné.

Cependant toutes les questions relatives à la conspiration furent résolues négativement. Mais il fut malheureusement reconnu par treize jurés qu'il y avait eu des provocations verbales et écrites au rétablissement de la constitution de 1793, et que Babeuf, Darthé, Buonarroti, Germain, Cazin, Moroy, Blondeau [1], Menessier et Bouin y avaient participé ; les deux premiers sans circonstances atténuantes, tous les autres avec ces circonstances.

Dès l'aurore du 7 prairial de l'an v, le roulement des tambours, le bruit de l'artillerie et le mouvement extraordinaire des troupes firent pressentir aux habitants de Vendôme le triste dénoûment du drame dont ils avaient été spectateurs.

Tout annonçait aux sept accusés ci-dessus qui étaient présents, leur fin prochaine ; ils parurent pour la dernière fois devant le tribunal qu'entourait un morne silence ; un peuple nombreux et inquiet remplissait la salle, dont toutes les avenues étaient gardées avec un grand appareil militaire.

A la déclaration fatale, prononcée d'une voix émue par le chef du jury, succéda de la part des accusateurs la demande

1. Blondeau qui n'avait pas été arrêté à l'orifice de l'affaire, tenta de faire évader Babeuf. Ce fut la principale cause de sa condamnation. Cazin et Moroy sur lesquels j'ai trouvé peu de renseignements étaient les agents du directoire secret près des huitième et douzième arrondissements. — A. R.

de la mort de deux accusés et de la déportation de tous les autres.

Une dernière tentative fut faite : un de ceux-ci aidé d'un défenseur somma le tribunal de prononcer l'acquittement général sur le motif que la loi du 27 germinal de l'an IV, dont les accusateurs nationaux venaient de requérir l'application, étant prohibitive de la liberté de la presse, avait cessé d'être en vigueur, en vertu d'un article de la constitution portant que toute loi de ce genre n'aurait d'effet que pendant un an au plus.

Le tribunal n'y fit aucune attention ; il dit à Babeuf et à Darthé : *Mourez*, et aux sept autres : *Allez traîner une vie malheureuse loin de la patrie dans des climats brûlants et meurtriers*.

A l'instant un grand tumulte se fait entendre; Babeuf et Darthé se frappent; on crie de toute part. *On les assassine ;* Buonarroti proteste et en appelle au peuple ; les spectateurs font un mouvement que cent baïonnettes tournées contre eux répriment aussitôt; les gendarmes saisissent les déportés, les menacent de leurs sabres et les entraînent avec leurs compagnons mourants hors de la vue du public.

Mais la faiblesse de leurs poignards qui se cassèrent ne permit pas aux deux condamnés à mort de s'ôter la vie. Ils passèrent une nuit cruelle dans les souffrances que leur causaient les blessures qu'ils s'étaient faites; le fer était resté enfoncé près du cœur dans celle de Babeuf.

Leur courage ne se démentit point, et forts de leur conscience ils marchèrent au supplice comme à un triomphe. Près de recevoir le coup fatal, Babeuf parla de son amour pour le peuple auquel il recommanda sa famille.

Un deuil général couvrit Vendôme au moment où perdirent la vie ces généreux défenseurs de l'égalité ; leurs corps mutilés que des barbares avaient fait jeter à la voirie, furent pieusement ensevelis par les cultivateurs des environs.

Après la déclaration du jury, Babeuf avait écrit à sa femme et à ses enfants cette lettre touchante :

« Bonsoir, mes amis. Je suis prêt à m'envelopper dans

la nuit éternelle. J'exprime mieux à l'ami auquel j'adresse les deux lettres que vous aurez vues, je lui exprime mieux ma situation pour vous que je ne peux le faire à vous-mêmes. Il me semble que je ne sens rien pour trop sentir. Je remets votre sort dans ses mains. Hélas! je ne sais si vous le trouverez en position de pouvoir faire ce que je demande de lui : je ne sais comment vous pourrez arriver jusqu'à lui. Votre amour pour moi vous a conduits ici à travers tous les obstacles de notre misère; vous vous y êtes soutenus au milieu des peines et des privations; votre constante sensibilité vous a fait suivre tous les instants de cette longue et cruelle procédure, dont vous avez, comme moi, bu le calice amer; mais j'ignore comment vous allez faire pour rejoindre le lieu d'où vous êtes partis; j'ignore comment ma mémoire sera appréciée, quoique je croie m'être conduit de la manière la plus irréprochable; j'ignore enfin ce que vont devenir tous les républicains, leurs familles, et jusqu'à leurs enfants à la mamelle, au milieu des fureurs royales, que la contre-révolution va amener : ô mes amis! que ces réflexions sont déchirantes dans mes derniers instants!... Mourir pour la patrie, quitter une famille, des enfants, une épouse chérie, seraient plus supportables, si je ne voyais pas au bout la liberté perdue, et tout ce qui appartient aux sincères républicains enveloppé dans la plus horrible proscription. Ah! mes tendres enfants, que deviendrez-vous? Je ne puis ici me défendre de la plus vive sensibilité.... Ne croyez pas que j'éprouve du regret de m'être sacrifié pour la plus belle des causes : quand même tous mes efforts seraient inutiles pour elle, j'ai rempli ma tâche.... »

« Si, contre mon attente, vous pouviez survivre à l'orage terrible qui gronde maintenant sur la République et sur tout ce qui lui fut attaché; si vous pouviez vous retrouver dans une situation tranquille, et trouver quelques amis qui vous aidassent à triompher de votre mauvaise fortune, je vous recommanderais de vivre bien unis ensemble; je recommanderais à ma femme de tâcher de conduire ses enfants avec beaucoup de douceur, et je recommanderais à mes enfants de mériter les bontés de leur mère, en la respectant et lui étant toujours soumis. Il appartient à la famille d'un martyr de la liberté de donner l'exemple de toutes les vertus, pour attirer l'estime et l'attachement de tous les gens de bien. Je désirerais que ma femme fît tout ce qui lui serait possible pour donner de l'éducation à ses enfants, en engageant tous ses amis à l'aider dans tout ce qui leur serait également possible pour cet objet. J'invite Émile à se prêter à ce vœu d'un père, que je crois bien aimé, et dont il fut tant aimé; je l'invite à s'y prêter sans perdre de temps et le plus tôt qu'il pourra.

« Mes amis, j'espère que vous vous souviendrez de moi, et que vous en parlerez souvent. J'espère que vous croirez que je vous ai tous beaucoup aimés. Je ne concevais pas d'autre manière de vous rendre heureux que par le bonheur commun. J'ai échoué; je me suis sacrifié; c'est aussi pour vous que je meurs.

« Parlez beaucoup de moi à Camille; dites-lui mille et mille fois que je le portais tendrement dans mon cœur.

« Dites-en autant à Caïus, quand il sera capable de l'entendre.

« Lebois a annoncé qu'il imprimerait à part nos défenses; il faut donner à la mienne le plus de publicité possible. Je recommande à ma femme, à ma bonne amie, de ne remettre à Baudouin, ni à Lebois, ni à d'autres, aucune copie de ma défense, sans en avoir une autre bien correcte par devers elle, afin d'être assurée que cette défense ne soit jamais perdue. Tu sauras, ma chère amie, que cette défense est précieuse, qu'elle sera toujours chère aux cœurs vertueux et aux amis de leur pays.

« Le seul bien qui te restera de moi ce sera ma réputation. Et je suis sûr que toi et tes enfants, vous vous consolerez beaucoup en en jouissant. Vous aimerez à entendre tous les cœurs sensibles et droits dire, en parlant de votre époux, de votre père :

Il fut parfaitement vertueux.

« Adieu. Je ne tiens plus à la terre que par un fil, que le

jour de demain rompra. Cela est sûr, je le vois trop. Il faut en faire le sacrifice. Les méchants sont les plus forts, je leur cède. Il est au moins doux de mourir avec une conscience aussi pure que la mienne; tout ce qu'il y a de cruel, de déchirant, c'est de m'arracher de vos bras, ô mes tendres amis ! ô tout ce que j'ai de plus cher ! ! ! Je m'en arrache; la violence est faite.... Adieu, adieu, adieu, dix millions de fois adieu....

.... « Encore un mot. Écrivez à ma mère et à mes sœurs. Envoyez-leur, par diligence ou autrement, ma défense, dès qu'elle sera imprimée. Dites-leur comment je suis mort, et tâchez de leur faire comprendre, *à ces bonnes gens*, qu'une telle mort est glorieuse, loin d'être déshonorée....

« Adieu donc, encore une fois, mes bien chers, mes tendres amis. Adieu, pour jamais. Je m'enveloppe dans le sein d'un sommeil vertueux. »

Cinquante-six accusés furent acquittés; de ce nombre était Vadier, ancien membre de la Convention, à l'égard duquel la haute-cour prit une mesure dont il est bon de relever l'injustice évidente. Ce malheureux vieillard, qui, par l'intégrité avec laquelle il avait rempli, avant thermidor, les fonctions difficiles de président du comité de sûreté générale, s'étant attiré la haine aveugle des ennemis de la révolution et de la justice, venait à peine d'échapper à une sanglante proscription, lorsqu'on saisit un nouveau prétexte pour l'y replonger. Quoiqu'il n'eût eu aucune connaissance de la conspiration et qu'aucun soupçon ne s'élevât contre lui, il fut arrêté, traîné à travers mille dangers de Toulouse à Paris, mis en accusation et traduit à Vendôme. Dans le cours des débats, il essaya en vain de justifier sa conduite publique, la parole lui fut ôtée. Cependant force fut de l'acquitter; mais tout en l'acquittant, on ordonna que sa détention continuerait, attendu, tel fut le motif allégué, qu'il existait un décret de la Convention qui le déportait. Le croira-t-on? Ce décret avait été révoqué et n'existait plus. Et ce fut par une erreur de fait si facile à vérifier que des membres du premier tribunal de la République, auxquels une loi avait attribué le don de l'infaillibilité, infligèrent arbitrairement et sans interroger là-dessus la partie intéressée, une peine très-grave qui dura longtemps et eût été perpétuelle, si le grand crime du 18 brumaire n'y avait pas mis un terme.

Peu de temps après, les cinq déportés présents furent jetés avec Vadier dans le fort construit sur l'île Pelée à l'entrée de la rade de Cherbourg. Ils parcoururent cette longue route enchaînés et enfermés dans des cages grillées, tantôt exposés aux injures et aux menaces, tantôt recevant les plus touchantes marques d'affection et de respect. A Falaise, à Caen et à Valogne, ils coururent d'imminents dangers, mais ils furent accueillis avec amitié et honorés au Mellereau, à Argentan et à Saint-Lô. Dans cette dernière ville, le maire à la tête du corps municipal les complimenta et les embrassa en les appelant *nos frères malheureux*. « *Vous avez défendu*, dit-il, *les droits du peuple, tout bon citoyen vous doit amour et reconnaissance.* » Par arrêté du conseil général, ils furent logés dans la salle de ses séances où les secours et les consolations leur furent prodigués.

Pendant longtemps les bons habitants de Vendôme montrèrent avec attendrissement aux voyageurs la dernière demeure des martyrs de l'égalité.

APPENDICE.

ANALYSE DE LA DOCTRINE DE BABEUF, TRIBUN DU PEUPLE, PROSCRIT PAR LE DIRECTOIRE EXÉCUTIF, POUR AVOIR DIT LA VÉRITÉ.

1. La nature a donné à chaque homme un droit égal à la jouissance de tous les biens.

2. Le but de la société est de défendre cette égalité souvent attaquée par le fort et le méchant dans l'état de nature et d'augmenter, par le concours de tous, les jouissances communes.

3. La nature a imposé à chacun l'obligation de travailler. Nul n'a pu, sans crime, se soustraire au travail.

4. Les travaux et les jouissances doivent être communs à tous.

5. Il y a oppression quand l'un s'épuise par le travail et et manque de tout, tandis que l'autre nage dans l'abondance sans rien faire.

6. Nul n'a pu sans crime s'approprier exclusivement les biens de la terre ou de l'industrie.

7. Dans une véritable société, il ne doit y avoir ni riches ni pauvres.

8. Les riches qui ne veulent pas renoncer au superflu en faveur des indigents, sont les ennemis du peuple.

9. Nul ne peut, par l'accumulation de tous les moyens priver un autre de l'instruction nécessaire pour son bonheur ; l'instruction doit être commune.

10. Le but de la révolution est de détruire l'inégalité et de rétablir le bonheur de tous.

11. La révolution n'est pas finie, parce que les riches absorbent tous les biens et commandent exclusivement, tandis que les pauvres travaillent en véritables esclaves, languissent dans la misère et ne sont rien dans l'État.

12. La Constitution de 1793 est la véritable loi du Français : parce que le peuple l'a solennellement acceptée; parce que la Convention n'avait pas le droit de la changer; parce que, pour y parvenir, elle a fait fusiller le peuple qui en réclamait l'exécution ; parce qu'elle a chassé et égorgé les députés qui faisaient leur devoir en la défendant; parce que la terreur contre le peuple et l'influence des émigrés ont présidé à la rédaction et à la prétendue acceptation de la Constitution de 1795 qui n'a eu pour elle pas même la quatrième partie des suffrages qu'avait obtenus celle de 1793 ; parce que la Constitution de 1793 a consacré les droits inaliénables pour chaque citoyen de consentir les lois, d'exercer les droits politiques, de s'assembler, de réclamer ce qu'il croit utile, de s'instruire, de ne pas mourir de faim; droits que l'acte contre-révolutionnaire de 1795 a ouvertement et complétement violés.

13. Tout citoyen est tenu de rétablir et de défendre, dans la Constitution de 1793, la volonté et le bonheur du peuple.

14. Tous les pouvoirs émanés de la prétendue Constitution de 1795 sont illégaux et contre-révolutionnaires.

15. Ceux qui ont porté la main sur la Constitution de 1793 sont coupables de lèse-majesté populaire.

IDÉES DU COMITÉ INSURRECTEUR SUR L'ÉDUCATION.

D'après les vues du comité insurrecteur, l'éducation devait être

Nationale,
Commune,
Égale.

Nationale : c'est-à-dire dirigée par les lois et surveillée par les magistrats. L'éducation devant compléter la réforme, maintenir et affermir la République, celle-ci est le seul juge compétent des mœurs et des connaissances qu'il lui importe de donner à la jeunesse. D'un autre côté, le principal objet de l'éducation doit être de graver profondément dans tous les cœurs les sentiments de fraternité générale, que contrarie et repousse le régime exclusif et égoïste des familles.

Commune : c'est-à-dire administrée simultanément à tous les enfants vivant sous la même discipline. Il est essentiel que les jeunes gens s'accoutument de bonne heure à ne voir dans tous leurs concitoyens que des frères, à confondre leurs plaisirs et leurs sentiments avec ceux des autres, et à ne trouver de bonheur que dans celui de leurs semblables. Les communautés d'éducation sont les images de la grande communauté nationale, à laquelle tout bon citoyen doit rapporter ses actions et ses jouissances.

Égale : parce que tous sont également les enfants chéris de la patrie ; parce que tous ont les mêmes droits au bonheur que trouble nécessairement l'inégalité ; parce que de l'égalité d'éducation doit dériver la plus grande égalité politique.

Pour nous faire une idée des projets du comité insurrecteur à cet égard, représentons-nous une magistrature suprême, composée de vieillards blanchis dans les fonctions les plus im-portantes de la République, dirigeant, à l'aide des magistrats inférieurs, tous les établissements d'éducation, s'assurant par des inspecteurs, tirés de son sein, de l'exécution des lois et de ses ordres, et ayant auprès d'elle un séminaire d'institu-teurs dont elle soigne l'enseignement.

Dans l'ordre social conçu par le comité, la patrie s'empare de l'individu naissant pour ne le quitter qu'à la mort. Elle veille sur ses premiers moments, lui assure le lait et les soins de celle qui lui donna le jour, écarte de lui tout ce qui pourrait altérer sa santé et énerver son corps, le garantit des dangers d'une fausse tendresse et le conduit par la main de sa mère à la maison nationale où il va acquérir la vertu et les lumières nécessaires à un vrai citoyen.

On voulait établir dans chaque arrondissement deux maisons d'éducation : une pour les garçons et l'autre pour les filles; les lieux en bel air, la campagne, l'éloignement des villes, le voisinage des rivières eussent été préférés.

L'homme, destiné par la nature au mouvement et à l'action, doit nourrir et défendre la patrie; la femme doit lui donner des citoyens vigoureux; celle-ci, plus faible que l'homme, sujette aux incommodités de la grossesse, aux douleurs de l'enfantement et aux maux qui en sont souvent les suites, et douée des charmes qui exercent tant d'empire sur l'autre sexe, paraît réservée pour des travaux moins rudes et moins bruyants, et semble avoir reçu en partage, de la nature, le don de calmer la violence des passions, d'adoucir les maux de l'humanité et de donner un plus grand prix à la pratique de la vertu. Il suit de ces différences ineffaçables que l'éducation des deux sexes ne saurait être en tout la même. Parlons d'abord de celle des garçons.

D'après les idées du comité insurrecteur, l'éducation nationale devait se proposer trois objets :

1° La force et l'agilité du corps;

2° La bonté et l'énergie du cœur;

3° Le développement de l'esprit.

La santé et la force des citoyens sont des conditions d'où

dépendent essentiellement le bonheur et la sûreté de la République; elles s'acquièrent et se conservent par l'action des organes et par l'éloignement des causes qui troublent les fonctions animales. De là, la nécessité de la fatigue, de l'exercice, de la sobriété et de la tempérance. La jeunesse, espoir de la patrie, doit donc être exercée aux travaux les plus pénibles de l'agriculture et des arts mécaniques, contracter l'habitude des mouvements les plus difficiles et vivre dans la plus stricte frugalité. Les manœuvres militaires, la course, l'équitation, la lutte, le pugilat, la danse, la chasse et la natation étaient les jeux et les délassements que le comité insurrecteur préparait à la génération naissante; il voulait que la paresse et le désœuvrement fussent bannis des maisons nationales d'éducation, et que la mollesse et l'amour des voluptés ne pussent trouver une seule voie pour se glisser dans les cœurs des jeunes Français.

On concevait les maisons d'éducation, distribuées en autant d'appartements qu'elles auraient contenu d'âges différents : ici, des salles pour les repas communs; là, des ateliers où chaque élève se serait exercé à l'art qu'il eût préféré; d'un côté, de vastes campagnes où l'on eût vu la jeunesse, tantôt livrée aux travaux de l'agriculture et tantôt logée militairement sous la tente; de l'autre des gymnases pour les jeux; ailleurs, des amphithéâtres pour l'enseignement.

Des occupations toujours renaissantes de nos jeunes gens devaient résulter en eux des sentiments analogues aux principes de l'État. On les aurait accoutumés à rapporter à la patrie, maîtresse de tout, les beautés dont ils étaient témoins et à attribuer à ses saintes lois leur santé, leur bien-être et leurs plaisirs; vivant constamment ensemble, ils eussent enfin confondu leur bonheur avec celui des autres; et, autant à l'abri de la contagion de l'intérêt et de l'ambition, que convaincus par l'expérience et par les récits, de la tendresse de la patrie, le désir de la servir et de mériter son approbation serait devenu le mobile unique de leurs actions.

Tout eût été mis en œuvre pour garantir la jeunesse des idées de supériorité et de préférence. Rien, dans ces lieux d'innocence et de paix, ne pouvant éveiller la soif de l'or et du pouvoir, l'amour brûlant de l'égalité et de la justice s'y serait uni aux premières sensations des jeunes citoyens à qui les vertus, inspirées par l'institution et recommandées au nom d'une si douce patrie, seraient bientôt devenues familières.

Quelques arts sont indispensables pour le bonheur de la société dont l'ordre et la conservation exigent que ses membres soient pourvus de plusieurs connaissances.

Laissera-t-on l'esprit humain vaguer sans guide et sans frein dans les vastes champs de l'imagination? Laissera-t-on introduire dans la société, sous le prétexte de la polir et de l'améliorer, une infinité de besoins factices, d'inégalités, de disputes, de fausses idées de bonheur? ou imposera-t-on des bornes à l'industrie en écartant des maisons d'éducation tout ce qui n'est pas rigoureusement nécessaire au bien-être de la République?

Notre comité, voulant délivrer ses concitoyens de la gêne des superfluités et de l'amour des jouissances qui énervent les hommes, ou n'ont de prix que par les distinctions dont elles sont les signes, avait unanimement arrêté de restreindre, dans les maisons d'éducation, les travaux des arts et métiers aux objets facilement communicables à tous; il désirait que la prétendue élégance des meubles et des habillements fît place à une rustique simplicité. L'ordre et la propreté, disait-il, sont des besoins de l'esprit et du corps, mais il importe que le principe de l'égalité auquel tout doit céder, fasse disparaître la pompe et la délicatesse qui flattent la sotte vanité des esclaves.

A l'égard des connaissances spéculatives, les membres du comité insurrecteur, avertis par les sages de l'antiquité, instruits par quelques vrais philosophes des temps modernes, et convaincus que rien n'importe moins à une nation que de briller et de faire parler d'elle, voulaient enlever à la fausse science tout prétexte de se dérober aux devoirs communs, toute occasion de flatter l'orgueil, d'égarer la bonne foi et d'offrir aux passions un bonheur individuel autre que celui de la société.

Ils voyaient dans l'abolition de la propriété celle de cette volumineuse jurisprudence, désespoir de ceux qui l'étudient et de ceux dont elle prétend défendre les intérêts; ils étaient bien décidés à faire main basse sur toute espèce de discussion théologique, et sentaient que la cessation des salaires nous eût bientôt guéris de la manie d'étaler le bel esprit et de faire des livres.

Les connaissances des citoyens, disaient-ils, doivent leur faire aimer l'égalité, la liberté et la patrie, et les mettre en état de la servir et de la défendre. Il faut donc, ajoutaient-ils, que tout Français sache parler, lire et écrire sa langue, parce que, dans une si vaste République, les signes écrits sont les seuls moyens possibles de communication entre ses parties, et parce que les autres connaissances en dérivent; que la science des nombres soit familière à tous, parce que tous peuvent être appelés à garder et à distribuer les richesses nationales; que chacun s'habitue à raisonner avec justesse et à s'exprimer avec brièveté et précision; que personne n'ignore l'histoire et les lois de son pays: l'histoire, qui apprendra à connaître les maux que la République a fait cesser et les biens dont elle est la source; les lois, par l'étude desquelles chacun sera instruit de ses devoirs et deviendra capable d'exercer les magistratures et d'opiner dans les affaires publiques; que tous connaissent la topographie, l'histoire naturelle et la statistique de la République, afin qu'ils aient une idée juste de la puissance qui les protége et de la sagesse des institutions qui font concourir toutes les parties d'un si grand corps à la félicité de chaque individu; que pour embellir les fêtes, tous soient versés dans la danse et dans la musique.

Telle était à peu près l'éducation que le comité insurrecteur destinait à la jeunesse française; c'était pour lui un objet de prédilection, parce qu'il la considérait comme le fondement le plus solide de l'égalité sociale et de la République. — Buonarroti.

CE QUE DEVAIT ÊTRE L'ARMÉE.

L'armée doit se composer de tous les Français en état de porter les armes. Les chefs sont nommés pour un temps par le peuple. Il serait utile d'appeler des magistrats civils aux fonctions supérieures de l'armée.

La perpétuité des grades militaires est un des plus grands fléaux de la liberté publique, et c'est par elle qu'un certain despotisme s'élève sur la ruine des lois. Les officiers, jadis bons citoyens, se voyant placés à jamais au-dessus du simple soldat, séparent insensiblement leurs intérêts de ceux du peuple; se créent de nouveaux besoins; se font, des services qu'ils rendirent à la patrie, des titres pour s'emparer des distinctions, des trésors et de la puissance; ne portent plus les armes que comme on exerce un métier, et finissent par former dans l'État un corps aristocratique qui, pour plaire à ses chefs auxquels il doit tout, accrédite la doctrine de l'obéissance aveugle, et s'efforce d'étouffer dans ses subordonnés jusqu'aux souvenirs de leurs droits. (Buonarroti.)

Dans ses *Souvenirs de la Révolution*, Charles Nodier a donné des détails intéressants sur le procès de Babeuf. Voici quelques passages de ce chapitre. Il ne faut pas oublier que Nodier se place à un point de vue réactionnaire:

« La moralité de Babeuf n'aurait pas été non plus exempte de reproches, si l'on pouvait s'en rapporter au témoignage des biographies contemporaines. Mais on sait ce que valent ces imputations, quand elles sont proférées sur la fosse d'un malheureux que l'opinion et la loi ont frappé. La calomnie ne risque rien à être inexorable quand elle marche à la suite du bourreau; et il est aussi prudent que généreux de lui renvoyer la plupart des diffamations qui poursuivent jusque dans le tombeau les victimes de nos troubles civils. Aucun nuage ne s'éleva pendant le cours des débats sur la probité de Babeuf, et cette circonstance est d'autant plus remarquable dans sa vie, que jamais la pauvreté n'a mis les principes d'un père de famille à de plus rudes épreuves. Ce qui le distingua, même entre les autres accusés, qui réunissaient presque toutes les mêmes qualités à un degré fort éminent, ce fut une expansion ardente et passionnée, une sincérité capable d'aller jusqu'à l'abnégation, et qui se faisait conscience du moindre détour; la fermeté inflexible de volonté, qui fait les grands hommes, et la résignation à la mort, qui fait les héros et les martyrs. S'il n'était pas possible de se défendre de l'impatience et de l'ennui au débit disgracieux de son interminable verbiage, l'énergie de sentiment et la puissance d'âme qui éclatent de temps en temps au milieu de ses divagations accablantes, éveillèrent plus d'une fois l'admiration.

. . . .

. . . .

« Germain n'était qu'un officier obscur, nourri dans les conciliabules des Jacobins, d'opinions exaltées et d'espérances ambitieuses. La première impression produite par son ton farouche et hautain, par ses bruyants emportements, par ses accès de colère convulsive, et surtout par cette espèce de laideur morale plus facile à comprendre qu'à exprimer, et qui résulte plutôt de l'ensemble que des détails dans la figure de l'homme, ne lui avait été nullement favorable; mais il en était autrement quand il sortait de cet état d'irritation passagère pour aborder à tête reposée une question sérieuse. On était étonné de lui trouver alors une logique nerveuse et serrée qui n'avait plus rien de l'allure désordonnée des passions, et qui n'admettait dans une méthode facile de raisonnements bien enchaînés qu'autant de mouvement et de chaleur qu'il en faut pour donner de l'autorité à la parole. Ses idées, qui se pressaient sans se confondre, s'énonçaient toujours avec clarté, quelquefois avec éclat. Les preuves semblaient naître à son gré pour fortifier les propositions; les conséquences jaillissaient si vivement des faits, les inductions se formulaient si naturellement dans l'esprit des assistants, qu'à l'instant où elles leur étaient offertes, il n'y avait personne qui ne crût les avoir prévues. Des allusions spirituelles qui n'étaient jamais forcées, des citations savantes qui n'étaient jamais pédantesques, des figures vives et singulières, mais amenées avec tant de goût qu'elles frappaient sans étonner; des mots de l'âme qui n'annonçaient aucun apprêt, et qui n'auraient été que simples, s'ils n'avaient été sublimes; tous les ornements dont l'art des rhéteurs enseigne inutilement l'usage, et que le génie seul sait employer sans étude, relevaient encore, comme une riche broderie, ces magnifiques improvisations, et Germain en fit entendre dix dans le cours de la procédure. Germain était éloquent, le plus éloquent, peut-être, après le colonel Oudet, de tous les orateurs de son époque.

. . . .
. . . .

« Buonarroti, révolutionnaire décidé, mais grave, modeste et doux au delà de tout ce qu'il est possible d'attendre d'un homme de son opinion, attirait l'attention à plus d'un titre. Ce républicain, expatrié comme Thrasybule, descendait de Michel-Ange, et ses traits impassibles, où se confondait cependant l'expression de la bienveillance avec celle de la fierté, rappelaient les dieux de son pays. Une jeune femme l'avait accompagné dans sa proscription, assisté dans sa misère. On l'avait vue constamment attentive aux dépositions des témoins, aux impressions des jurés, ou épiant dans les regards de son mari, qui la regardait souvent, des motifs de consolation et d'espérance. Elle intéressait beaucoup, car elle était belle et elle pleurait.

. . . .
. . . .

« La nuit du 6 au 7 prairial, 25 mai 1797, termina ce drame judiciaire qui avait duré près de cent jours. Il était quatre heures et demie du matin. Les accusés, plus silencieux et plus mornes que de coutume, furent introduits avec les précautions ordinaires. Le haut jury était sorti avec une triste solennité de la chambre du conseil où il avait passé dix-neuf heures aux opinions. Les juges reprirent leurs siéges; l'audience se remplit. Il y eut alors un moment de calme sombre et taciturne, pendant lequel on aurait distingué le bruit d'un insecte qui vole. Quelques enfants, quelques femmes défaites et échevelées, celle de Buonarroti entre autres, se pressaient à la barre et s'y liaient de leurs mains, mais sans cris, sans plaintes, sans soupirs, presque sans mouvement. Quand le président du tribunal se leva pour prononcer le jugement, d'une voix nette, mais émue, on aurait cru qu'il n'y avait que lui de vivant dans toute l'enceinte. Ce jugement, on le connaît; le grand nombre était rendu à la liberté. Buonarroti, Germain et quelques autres dont l'histoire ne gardera pas le souvenir, étaient condamnés à la déportation, Babeuf et Darthé à la mort. Au moment où cette partie de la sentence fut proférée, une agitation muette se remarqua sur la partie des banquettes où les condamnés étaient assis. Réal y était placé sur une banquette intermédiaire, au-dessus de Darthé, qu'il avait un peu à sa gauche, au-dessous de Babeuf, qui le dominait, au contraire, à sa droite. Darthé venait de tomber en arrière, la tête appuyée sur les genoux de son défenseur, qui s'empressait de le soutenir, pendant que Babeuf tombait à son tour sur son épaule. Il n'eut pas le temps d'attribuer cette double défaillance à la terreur; le sang qui l'inondait lui en révélait le mystère, et dans le même instant deux poinçons qui en étaient abreuvés roulaient sur les degrés : celui de Babeuf était formé d'un de ces ressorts de fil de fer en spirale qui servent à exhausser la chandelle sur sa bobèche à mesure qu'elle se consume, et qu'il était parvenu à aiguiser au pavé de son cachot. On enleva les deux moribonds, car leur mauvaise fortune ne voulut pas qu'ils mourussent de leurs blessures. Leur sang n'avait point tari sous le fer dont ils s'étaient frappés; il leur en restait pour la guillotine, et ils y furent portés le soir. »

Les défenses des principaux accusés sont extrêmement longues, et il nous serait impossible d'en reproduire même une seule *in extenso*. Nous devons donc nous borner à quelques extraits choisis parmi les passages les plus caractéristiques.

DÉFENSE DE GERMAIN. — PASSAGE RELATIF AU TRAITRE GRISEL ET PÉRORAISON.

Je me transporte vers la seconde source, vers celle qu'a vomie la déposition de Grisel. J'invoque l'attention des citoyens hauts-jurés; car c'est cette source impure qui a souillé celle qui jaillissait des pièces écrites de ma main, les a avariées, dénaturées et empoisonnées. Grisel!... ce nom seul est sans doute une justification plus puissante, plus victorieuse que tout ce que je pourrais dire contre le témoignage de ce délateur. Ce nom, que le néologisme de la liberté et de la vertu a cru devoir substituer aux mots qui avaient jusqu'à ce jour exprimé le plus honteux, le plus vil des emplois, emploi qui ne se maintient et ne se signale que par des perfidies, des mensonges, des trahisons et de lâches intrigues; mais j'aspire à un plus grand succès que celui que j'obtiendrais par la seule indication d'un nom à jamais odieux, à jamais exécrable; j'aspire à celui que procure à tout homme de bien le triomphe de la vérité, et je l'obtiendrai par une discussion claire et précise. Tu n'auras pas la couronne civique, *Georges Grisel;* tu n'obtiendras même pas la récompense que l'horrible tyrannie décerna en 1746 à ce *Georges Murrai* qui ouvrit la source du torrent de sang dont furent tout à coup inondées l'Écosse et l'Angleterre. Les puissants que tu as trompés, et dont tu fus l'instrument, ne t'accorderont jamais, comme à ce délateur, quatre-vingt mille livres de rentes annuelles à prendre sur les confiscations des biens de ceux que tu auras livrés au glaive de la justice. Tu fourniras, sois-en sûr, l'exemple épouvantable que le méchant ne jouit jamais du fruit de son crime; mais ta bassesse éternisera plus que l'opulence ton infâme ministère.

Tu n'obtiendras pas la couronne civique; mais il en est

une dont tu es digne, et que tu t'empresseras de coiffer en sortant de cette affaire. Ne crois pas que ce soit celle d'épine; elle fut en tout temps l'ornement des victimes et jamais elle ne sera celui de leurs bourreaux. La couronne qui t'est due et que tu mérites, est celle dont les anciens paraient la tête de leurs plus vils esclaves, afin d'attirer sur ces misérables les regards de l'acheteur et de les vendre quelques deniers de plus. Elle te convient celle-là; c'est la seule que tu auras. Tu te traîneras décoré de ce symbole de l'opprobre dans tous les marchés publics. S'il se rencontre encore dans ces temps des hommes qui aient besoin d'un perfide, d'un fourbe pour servir leurs projets criminels et leur assurer la mort de quelques centaines de citoyens, tu seras leur fait, et ils t'enseveliront dans leurs bagnes. Mais non : quel homme, après avoir vu la manière atroce dont toi-même t'es flatté d'avoir serré dans tes bras, prodigué le témoignage extérieur de la sensibilité et de l'attachement à ceux-là mêmes dont tu voulais dans ton cœur faire répandre le sang; quel homme, dis-je, n'aurait pas à redouter que tu le trahisses à son tour, et que de ministre de ses caprices, de ses volontés, tu ne devinsses bientôt le ministre des caprices et des volontés de ses ennemis? Tel est le projet des traîtres et des délateurs mercenaires, de servir et de tromper tour à tour ceux qui les salarient. Insatiables requins, ils s'attachent indistinctement à la piste de tous les vaisseaux, de quelque pavillon qu'ils soient ombragés; il leur suffit d'être appelés par l'odeur du carnage et des immondices, et l'espoir de s'en repaître. Non, tu ne seras pas acheté; l'insuccès de ta délation actuelle ne donnera pas une assez grande idée de tes talents; et rendus à la loyauté par la déclaration du haut jury, les puissants reconnaîtront enfin que c'est par la justice, par les lois et la véritable bonne foi qu'ils doivent veiller à la sûreté de l'État, et que l'usage, toujours abusif, souvent assassin et quelquefois désastreux pour eux-mêmes de la trahison, ne peut que les compromettre et les déshonorer!

. . . .

Tout ce que j'ajouterais serait inutile et vous déterminerait moins sans doute que la voix de la République, notre commune mère, qui vous crie de veiller avec soin à sa conservation et à celle de ses enfants ; vous déterminerait moins que l'audace de jour en jour croissante et plus dangereuse de ses ennemis, qui n'attendent que de voir tomber quelques files de patriotes pour foncer tout à coup dans leurs rangs et exécuter leurs sanglantes menaces.... Si encore nos cadavres entassés pouvaient élever un rempart inexpugnable entre eux et l'autel de la patrie ! Tout ce que j'ajouterais serait inutile et vous déterminerait moins que la profonde connaissance que vous avez, que les premiers jours d'un État constitué, que les premiers six mois d'un essai (pour me servir d'un mot du citoyen Bailly) du nouveau pacte social, à la suite d'une révolution aussi grande, aussi tumultueuse que la nôtre, n'ont pu être exempts d'orages ; et que dans ces orages quelques citoyens ont pu, sans crime, aviser aux moyens de s'abriter.

Tout ce que j'ajouterais enfin serait inutile et vous déterminerait moins que la vérité toute nue que je vous ai produite contre les charges qui s'élevaient contre moi.

J'attends, sans aucune espèce de crainte ni de faiblesse, votre prononcé : quel qu'il soit, pourquoi craindrais-je ? pourquoi faiblirais-je ? En effet,

Mort, la liberté n'aura pas eu de plus dévoué martyr ;

Vivant, elle n'aura pas de plus intrépide défenseur !

J'aurais désiré, citoyens, soumettre à votre tribunal les registres et la correspondance relatifs à cette mission : les démarches que j'ai faites pour les retirer des cartons de l'ancien comité de sûreté générale, qui les fit apporter après mon arrestation, et qui ne put jamais y trouver de quoi la motiver, ont été inutiles. Si le mandataire du peuple, qui a été le plus à même d'apprécier ma conduite, ne se trouvait pas, par une bizarre fatalité, au nombre de mes coaccusés, j'invoquerais son témoignage : je parle de Ricord ; il dirait, comme il le dit courageusement quand la proscription pesait sur ma tête, que mon cœur fut toujours pur et dévoué sans restriction à la cause du peuple.

Si le défaut de pièces et la restitution du pays que j'ai gouverné ne m'empêchaient pas de soumettre ma conduite d'alors au plus minutieux examen, je compterais, à cet égard, sur le résultat le plus victorieux. J'en ai cependant assez pour éloigner de moi tout soupçon; j'en ai assez pour prouver que la confiance et l'amour des Français furent les suites de mon administration : n'eussé-je pour moi que la réunion à la République, volontairement, solennellement demandée par les habitants de plusieurs communes, malgré les extorsions et les violences par lesquelles les fastueux agents des administrations militaires semblaient prendre à tâche de faire haïr le nom français, ce mouvement spontané démentirait assez ceux qui voudraient noircir ma conduite publique.

Tombant enfin, comme tant d'autres républicains, sous la dénomination banale de terroriste, je fus arrêté le 15 ventôse de l'an III.

Dix mois de ma vie avaient été constamment employés à essuyer les larmes des malheureux, à les attacher à la République par l'instruction et la prédication, à faire partout régner la fraternité et la modestie, à assurer au peuple la justice prompte, les secours et l'instruction, à combattre enfin à la tête des phalanges républicaines les ennemis extérieurs de la patrie : les bulletins du temps ont fait mention d'une armée de six mille enfants du fanatisme, mis en déroute par cinquante Français, sous les murs de Loano. Lorsque tout se disposait à la retraite, je courus me mettre à la tête de ces généreux républicains; et l'autorité populaire dont j'étais investi contribua peut-être pour quelque chose à un succès qui préserva l'armée d'Italie d'un imminent danger.

Traduit à Paris, sous la surveillance du citoyen Bertrand, capitaine de gendarmerie, qui me laissa à Paris pendant quatre jours en pleine liberté, je fus jeté dans les cachots du Plessis, d'où je suis sorti le 17 vendémiaire de l'an IV, en vertu d'un arrêté du comité de sûreté générale, qui ne présente pas plus de motif que mon mandat d'arrêt; jamais il n'exista contre moi d'acte d'accusation, jamais voix ne s'éleva pour me reprocher un crime.

DÉFENSE DE BUONARROTI. — CONCLUSION.

Il n'y a pas de conspiration dans l'affaire de floréal, est la décision raisonnable que la patrie a droit d'attendre de vous.

Il n'y a pas de conspiration, parce que, comme vous l'a victorieusement démontré Babeuf, les pièces dont on prétend en tirer la preuve n'eurent ni l'objet ni la suite qu'on leur attribue.

Il n'y a pas de conspiration, parce que, comme il vous l'a dit, le seul désir de préserver la République des attaques de la royauté présida aux travaux de l'association des démocrates.

Il n'y a pas de conspiration, parce que ces travaux, quels qu'ils fussent, ne purent avoir et n'eurent jamais aucun caractère alarmant, dangereux pour le gouvernement : caractère qui est essentiel pour constituer une conspiration criminelle.

Il n'y a pas de conspiration, parce que l'amour de la patrie, le plus pur, le mieux démontré, présidait aux travaux de ces patriotes; parce que, quelle que fût leur nature, leurs vœux étaient absolument tournés à la volonté du peuple; parce que cet amour et le raisonnement durent impérieusement les amener au résultat qu'on voit dans les pièces, résultat qui fut l'effet invincible des circonstances où ils se trouvèrent placés.

Il n'y a pas de conspiration, vous crie la France, fatiguée de voir couler le sang de ses enfants pour les opinions qui les divisent. Il n'y a pas de conspiration, crient tous ceux qui voient siéger sur ces bancs l'intégrité, la franchise, le courage, et ce saint fanatisme pour les droits des hommes.

Cette équitable décision, qui brisera nos chaînes, attirera sur vous les bénédictions de la postérité; elle cimentera la concorde et la paix des Français.

Et si malgré tant de puissantes considérations, nous avions la douleur de vous voir tomber dans le piége que vous tendent les ennemis de la révolution, vous devriez nécessairement considérer alors que de simples présomptions paraissent, dans le système de l'accusation, me rattacher à un projet quelconque.

Qu'à ces présomptions j'oppose la possibilité et la vraisemblance des explications que j'ai données aux pièces du procès qui sont écrites de ma main; car enfin, tant que vous ne pourrez pas dire : *Ce que vous dites est impossible*, vous ne pouvez pas me prétendre convaincu.

J'oppose les variations et les contradictions du témoin qui me charge : l'indépendance absolue des parties de sa déposition qui me concernent, des pièces de la procédure; ses qualités de dénonciateur et d'espion; la haine qu'il décèle contre les hommes d'un certain parti. J'oppose la dissimulation, l'hypocrisie dont il a fait parade.

J'oppose la double omission de mon nom dans le premier mouvement de son âme.

J'oppose enfin à des présomptions, à des rapprochements, une vie constamment dévouée au bonheur de l'humanité.

Le moment approche, citoyens jurés : oui, vous allez prononcer sur notre sort. Notre jugement est sans appel; mais il est soumis à celui de la raison et de la postérité.

Débarrassés des prestiges dont on ne cesse pas de vous entourer, descendez dans vos cœurs; vous y trouverez une voix sourde qui vous crie : *Ces hommes enfin ne rêvaient qu'au bonheur de leurs semblables.*

Le moment approche, citoyens jurés, où vous allez rendre le calme à tant de familles éplorées, ou les livrer à une douleur éternelle; et ce moment est celui où la paix semble sourire à tous les Français. La paix ! en auriez-vous, épouses tendres, mères infortunées? en auriez-vous, ô vous, braves soldats, qui auriez vu proscrire ici les maximes et les préceptes qui retirèrent autrefois de l'esclavage votre patrie opprimée ?

Votre jugement, citoyens jurés, sera décisif pour la patrie ; il le sera pour la liberté, pour le bonheur public. Ce ne sera pas une mesure politique, un moyen d'élévation pour un parti sur la ruine d'un autre ; ce sera l'expression de ce sentiment intime qui vous unit à la révolution, des principes d'équité qui contiennent les passions, et font triompher la vérité malgré la puissance qui voudrait l'étouffer.

La révolution ne fut pas pour tous un jeu d'intérêt personnel : pénétrez-vous bien, citoyens jurés, qu'il y eut des hommes qui la regardèrent comme un événement important pour l'humanité : soyez bien convaincus qu'elle devint pour eux une religion nouvelle à laquelle, et en vertu des biens qu'elle devait procurer aux Français, ils surent, par une abnégation absolue, sacrifier les convenances, les biens, le repos et la vie.

Vous n'en êtes pas à savoir que c'est aux hommes de cette trempe qu'en veulent principalement les amis du trône : c'est en les immolant qu'ils espèrent parvenir à faire disparaître jusqu'au nom de *République*.

Frapper un ami de la liberté, c'est tendre la main aux rois : déchirer les républicains par les opinions qui les divisent, c'est donner dans le piége que les ennemis du peuple tendirent constamment à ses amis.

N'avez-vous pas aperçu, citoyens jurés, dans le cours des débats, cet attachement constant, inviolable, à la patrie, à la République, au peuple ; cette conviction profonde, exaltée, des principes de sagesse puisés dans les philosophes, et dans l'étonnante révolution des idées qui agite depuis cinquante ans toutes les têtes ?

Et si des erreurs ont pu se glisser dans quelques esprits sous le masque de la vérité, elles étaient dirigées par les vues louables ; inspirées par les raisonnements les plus séduisants, excusables, invincibles, commandées par d'impérieuses circonstances, par ces mêmes circonstances qui dictèrent dans de fois des avis contraires aux hommes en autorité, qui veulent aujourd'hui les ériger en crimes.

Tout est doute dans cette volumineuse procédure, hors la pureté et le républicanisme des accusés. Sur des doutes, arracherez-vous à la patrie ses plus courageux défenseurs ?

Vous jugez la liberté : elle fut féconde en martyrs et en vengeurs de leur mémoire Elle expire, la liberté, quand on étouffe les passions généreuses, quand on présente aux hommes qu'elle enflamme les têtes sanglantes de ceux qui se dévouèrent pour elle.

Croit-on faire de nous des automates insensibles à la vérité ou au mensonge, à la vertu ou au vice, à la liberté ou à l'esclavage ?

J'invoque aussi les lois : elles protégent la franchise et l'amour de la patrie; elles ne sont telles que parce qu'elles développent et fécondent celles de la nature, qui existent de toute éternité.

J'invoque aussi l'ordre social : il est essentiellement constitué de toutes les passions qui tendent à l'améliorer.

Représentants du peuple, soyez lui-même : il faut avoir son cœur pour exprimer sa volonté. Il vous commande l'équité, consolation des hommes justes, sentiment antérieur à tous les établissements humains, qui calcule les faiblesses et les maux, tempère la violence des passions, et démêle dans les actions les nuances infinies que le législateur ne peut pas classer.

Des républicains invoqueront-ils en vain l'*équité* dans laquelle des ennemis ouverts de la République trouvèrent l'indulgence et l'oubli ?

Ambition, avarice, vengeance, passions funestes, imputations effrayantes.... ma vie les repousse.... ma vie orageuse, troublée, remplie de sacrifices et de douleurs, empreinte de la soif ardente du bonheur des autres, c'est là ce que vous avez à juger.

J'attends en paix votre décision : quand on fut juste, on ne craint pas un jugement; rien ici ne me fait rougir : quand on éprouva si souvent l'ingratitude, on ne redoute pas la mort.

La mort! je ne l'ai pas fuie devant les phalanges des rois : un simulacre de justice pourra me la donner, il ne me donnera pas le déshonneur; et quand mes membres sanglants auront assouvi la vengeance du tyran de mon pays natal, et satisfait la haine des ennemis de ma patrie, mes écrits, mes actions, les larmes de la tendresse, et les soupirs de l'amitié accumuleront, je l'espère, autour de mon tombeau, les regrets des Français.

DARTHÉ. — FRAGMENT D'UN PROJET DE DÉFENSE TROUVÉ DANS SES PAPIERS APRÈS SA MORT.

Je n'eus jamais pu penser que j'aurois été arrêté comme ennemi d'une révolution qui fut dans mes principes, avant qu'elle ne fût même parvenue au point d'anéantir toute espèce de despotisme.... J'ai maintenant vingt-huit ans; j'étudiois en droit à Paris à l'époque de la révolution.... Je forçai avec les généreux habitants de cette ville, l'hôtel des Invalides que le tyran avoit désigné comme l'arsenal des armes qui devoient immoler les ennemis de la révolution. Fier de l'arme que j'y avois enlevée, je marchai à la conquête de la Bastille.... Je fus employé dans les détachements envoyés pour protéger les convois de farine qui venoient approvisionner Paris.... J'accompagnai les patriotes qui marchoient contre Versailles, repaire infâme de brigands contre-révolutionnaires.... Ces occupations sans relâche altérèrent ma santé; je tombai malade et je retournai dans ma famille... Arrivé à Saint-Pol, mon pays natal, mes premiers soins furent d'y propager la haine des tyrans et l'amour du peuple. En 1791, mes compatriotes me nommèrent membre de la municipalité régénérée.... Secrétaire du district, membre du directoire du Pas-de-Calais, j'eus l'honneur d'être du nombre de ces patriotes qu'on appeloit maratistes; je signai une dénonciation contre le traître Roland, et toutes les adresses contre le tyran Capet.... Quand j'eus été envoyé comme commissaire pour le recrutement des trois cent mille hommes dans le district de Montreuil, quand j'eus été envoyé aux troupes du « Nord lors de la trahison de Dumouriez, la Convention nationale déclara que j'avois bien mérité de la patrie.... Après quelques autres missions, Potier, accusateur public, étant malade, le représentant du peuple Lebon me força, malgré mon refus et le peu d'usage, à remplir cette place. Mon patriotisme reconnu, plutôt que mes liaisons avec le représentant, me firent nommer à ce poste, que je remplis pendant deux mois avec la justice et la fermeté républicaines.... Ma conduite s'est-elle un seul instant démentie? J'ose dire que non.... Je braverai donc les haines particulières des aristocrates qui ont toujours vu en moi un ennemi gênant, il est vrai, mais qui devait l'être....

DÉFENSE DE P. ANTONELLE.

Citoyens hauts-jurés,

Je ne sais rien dire, sitôt que je ne démêle plus ce qui s passe dans mon cœur. Je ne vous ferai donc rien entendr qu'il ne m'ait dicté. Je vous adresserai quelques parole simples. Le moment actuel, l'intérêt de la justice, ma posi tion personnelle les auront toutes commandées. Cette posi tion seule me donnerait le droit de vous ouvrir mon âme les autres considérations m'en font un devoir. Que chacu se rassure, il ne m'en coûtera rien de n'offenser personne et je serai très-court.

J'aime le peuple, citoyens hauts-jurés, je l'aime beaucou et n'ai jamais conçu qu'il fût possible de ne pas l'aimer Que seraient les sociétés civiles, si l'amour et le respect d peuple, seuls fondements de leur stabilité, véritables prin cipes de force et de vie, ne réglaient pas leur marche, n'ani maient pas tous leurs mouvements ?

Peut-il exister quelque vertu publique hors de cet amou et de ce respect ?

Si donc j'avais erré, si les hommes dont je partage le sor ont eu des faiblesses que j'ignore, leurs faiblesses et me erreurs auront pu découler de ces sentiments mêmes, qu excuseraient des écarts que je ne veux pas légitimer, parc qu'il ne m'appartient pas d'en connaître.

Ils auront trop ardemment aimé, trop exclusivement peut être, ce que d'autres aussi peut-être n'aimaient point asse:

Je voulus toujours, ils voulurent, je n'en doute pas, servi la liberté publique, précisément comme vous le voulûte vous-mêmes.

Cela exprime que je l'ai servie d'après les inspirations d ma pensée et les commandements de ma conscience, mai subordonnément aux lois que je n'enfreignis jamais : que l'on me dise si ce n'est pas là toute la morale de l'homme et du citoyen ? et si l'on cessait de raccorder entre elles ces deux morales qui doivent se confondre, y aurait-il pour l'homme de bien quelque règle sûre de conduite ?

Quant à l'esprit de parti qui, dans nos longs orages, à pu m'envelopper et ne m'enrôler jamais, il m'égara, si l'on veut, passagèrement, mais il ne me déprava point. J'ose interpeller ici nos adversaires mêmes, et ils avoueront que je n'en connus les fureurs que pour les déplorer. Fasse le génie de la liberté que désormais ces fureurs ne soient plus que des souvenirs ! ils seront encore par eux-mêmes assez douloureux.

A présent, citoyens jurés, indépendamment de la certitude soulageante d'avoir toujours désiré le bien et quelquefois adouci le mal, entendez quelles furent mes principales récompenses.

Au mois d'août 1792, un homme dont je ne flétrirai pas le nom, car je conserve la mémoire de son rare dévouement et de son premier éclat, parut l'oublier lui-même et fut infidèle à sa première gloire. Après avoir honorablement servi le peuple, comment put-il se résoudre à ne plus être qu'un ambitieux ? C'est de Lafayette que je parle, de cet infortuné à qui les ennemis de ma patrie ont fait si barbarement expier depuis les torts qu'il put avoir envers elle. Aux jours où je remonte, on sait qu'à l'aide d'un état-major fanatisé par lui, il voulut animer à la révolte les troupes qu'il commandait ; il n'y réussit point. Il tenta même d'insurger et de rallier à lui les départements voisins ; il ne put y parvenir. Après ce double échec, il prit la fuite. Le premier acte formel de rébellion fut un attentat contre la représentation nationale. Il me fit jeter par ses satellites dans les tours du château de Sédan, en ma double qualité de membre et de commissaire de cette législature qui préparait la République en renversant le trône.

Au mois de ventôse an II, je fus une seconde fois privé de la liberté. Je passai dans les cachots de Luxembourg ce sémestre le plus terrible d'une période que ce mot caractérise assez. Après cinq mois entiers d'incarcération, l'événement du 9 thermidor brisa mes chaînes ; et le 10 même, au lever du soleil, je fus libre.

A quelque temps de là, dans les jours qui précédèrent une des plus affligeantes catastrophes de la réaction, les comités de gouvernement, sans dénonciation d'aucune espèce, ni motif exprimé, me mirent en détention à leur maison des *Orties*. La durée de cette troisième captivité fut de quatre mois, au bout desquels je recouvrai ma liberté le 13 fructidor an III par arrêté du comité de sûreté générale.

Enfin le 19 floréal an IV, mon nom fut inséré sur cette fameuse liste d'arrestations ; première pierre, si cela peut être dit, du grand édifice que vous avez à démolir.

J'ai fait choix de ces quatre accidents de ma destinée révolutionnaire, comme les plus notoires au milieu de plusieurs autres, dont quelques-uns ne furent ni moins caractérisés, ni moins graves.

Voilà ce que j'ai appelé mes récompenses : et ce mot n'est point un froid badinage. Il est des tourments qui, en affaissant le corps, relèvent l'âme, et que leur cause fait aimer. J'ai souffert, je souffre encore et ne suis pas las de souffrir. Je ne dois ni ne veux me plaindre.

Cependant, citoyens jurés, considérez qu'une des douleurs personnelles les moins supportables dont une révolution qui créa tant de haines et dérégla tant de pensées, pût accabler les hommes probes qui lui auraient survécu, ce serait de se voir arracher, par l'effet même de ces désolantes méprises et des animadversions les moins fondées, la seconde consolation de l'honnête homme opprimé. Je dis la seconde, car la première est dans le cœur ; et celle-là n'est point à la disposition d'autrui. Celle dont je voulais parler est l'estime et l'amour de ses semblables. On peut les lui enlever. Sentez alors quelle serait sa peine. Hé bien ! citoyens jurés, quelques hommes sont devant vous, à qui la pureté des sentiments, la droiture d'intentions et l'innocence dans la vie serviront trop peu désormais, et ne concilieront que bien difficilement les cœurs qu'ils voudront reconquérir. Signalés à faux par l'esprit de parti qui est mauvais appréciateur, la coupe amère de la plus injuste diffamation les abreuvera de ses déboires mortels ; et tout solennel que puisse être l'acquittement que vous aurez prononcé, la calomnie inexorable et sans frein, plus puissante que le haut-jury, plus impérieuse que l'évidence même, les tiendra longtemps encore en état de *prévention* devant l'opinion publique.

N'a-t-on pas vu, qu'il me soit permis de le rappeler en peu de mots et sans amertume, n'a-t-on pas vu, dans cette enceinte même, près de vous et sous vos regards, combien de fois le gant d'insulte et de détestation leur fut jeté au nom de cette opinion même factice et empoisonnée ? Ils le voulaient relever, non moins encore pour eux que pour la révolution qui leur paraissait attaquée. Un jugement exprès les condamne au silence. Ils se taisent, et je n'ai pas le droit de parler en leur nom. J'observerai seulement que ce n'est pas là peut-être une manière assez généreuse de combattre les hommes de la révolution dans les fers. Le seul moyen légitime d'écarter cette défense qu'on leur interdit, c'était de ne permettre pas l'agression. J'observerai encore que devant une représentation nationale judiciaire, et dans la bouche d'un proscrit qui, sacrifiant tout, ne réclamerait que l'honneur, on pourrait penser que des vérités fortes et le récit de ses infortunes ne sont ni des inconvenances ni des divagations. Celui au contraire qui, pouvant honorer et consoler le malheur au nom de la loi, ne lui épargnerait pas l'outrage, ferait quelque chose de pis que de divaguer.

Toutefois, je le répète, que l'on pousse encore, si l'on veut, contre les prévenus en masse le cri de haine, d'injustice et de guerre ; que l'on provoque ainsi de la part de chacun de nous le cri d'indignation ou de représailles, je m'engage, par respect pour la haute-cour et pour moi-même, à ne jamais le faire entendre, et à tout supporter. La haute-cour pourra juger elle-même ce qui vaut le mieux, du rôle d'accusateur comme on l'a quelquefois joué, ou du personnage d'accusé, comme il peut être soutenu.

Il est utile d'ailleurs de s'exercer ici même à la pratique des vertus, qui chaque jour deviennent plus nécessaires à tous, l'oubli des torts, le pardon des injures, la patience dans le malheur, la cessation de toute querelle. C'est ainsi que nous nous préparerons à cette union durable et franche entre tous les bons citoyens, premier besoin d'une république agitée. Et comment avons-nous pu nous passer si longtemps de cette paix publique, de cette concorde fraternelle, qu'il ne devrait pas être pénible de maintenir, puisqu'il serait si doux de ne jamais la perdre? Sera-t-il dit qu'après avoir tant souffert et continuellement triomphé pour la liberté, le peuple français ne puisse en effet devenir libre? Or peut-il être libre si les républicains restent désunis? Eh quoi! cette nation qui donne la paix à tant d'autres ne pourrait donc l'établir chez elle! Y a-t-il, en effet, quelque paix véritable et possible dans le déchirement des partis?... Que tout ce qui pourrait nous diviser encore soit donc une bonne fois oublié! Remettons-nous l'un à l'autre nos fautes mutuelles; nul n'en fut exempt. Que les accusés de floréal, après le jugement, fassent eux-mêmes avant tout le sacrifice entier des plaintes qu'ils croiraient avoir à former. Il leur sera beau de donner aux autres cet exemple salutaire et fraternel. Qu'ils cessent de voir des persécuteurs dans les hommes qu'on avait prévenus contre eux, pour n'y plus apercevoir que des frères égarés qu'il leur importe de détromper!

Ah! que le jour tant désiré de l'universelle réconciliation arrive enfin! Il vous appartient, citoyens hauts-jurés, d'en sonner l'heure pour toute la France entière. C'est à cela surtout qu'elle veut reconnaître et voir en vous les véritables délégués de la bonne mère patrie. Ses nombreux enfants, trop longtemps divisés et malheureux l'un par l'autre, ne demandent qu'à se réunir et s'entendre pour sceller leur commun bonheur. Donnez le signal par votre décision souveraine. Soyez, comme on l'a dit, le jury réparateur. Soixante républicains méconnus se reposent sur votre impartialité. Soixante familles affligées, mais non pas inquiètes, croient toucher au terme de leurs longues souffrances. Tous les partis, prêts à se rapprocher, attendent de vous une grande leçon de vraie justice : vous ne tromperez pas tant d'espérances.

Loin de moi la pensée de vouloir tourmenter ou séduire vos consciences ; rien n'est plus essentiellement inviolable : c'est le sanctuaire vivant de l'indépendance ; c'est la dernière retraite du sentiment et de la pensée. Il faut que l'un et l'autre s'y maintiennent inaccessibles. Si l'on pouvait les y atteindre, la liberté publique et privée n'auraient plus d'asile sur la terre.... Mais prenez soin de cette liberté ; elle a besoin de ne perdre aucun de ses amis.

FIN.

TABLE DES MATIÈRES.

10.593. — Imprimerie générale de Ch. Lahure, rue de Fleurus, à Paris.

www.ingramcontent.com/pod-product-compliance
Ingram Content Group UK Ltd.
Pitfield, Milton Keynes, MK11 3LW, UK
UKHW012027240726
13965UKWH00002B/620

9 782012 866140